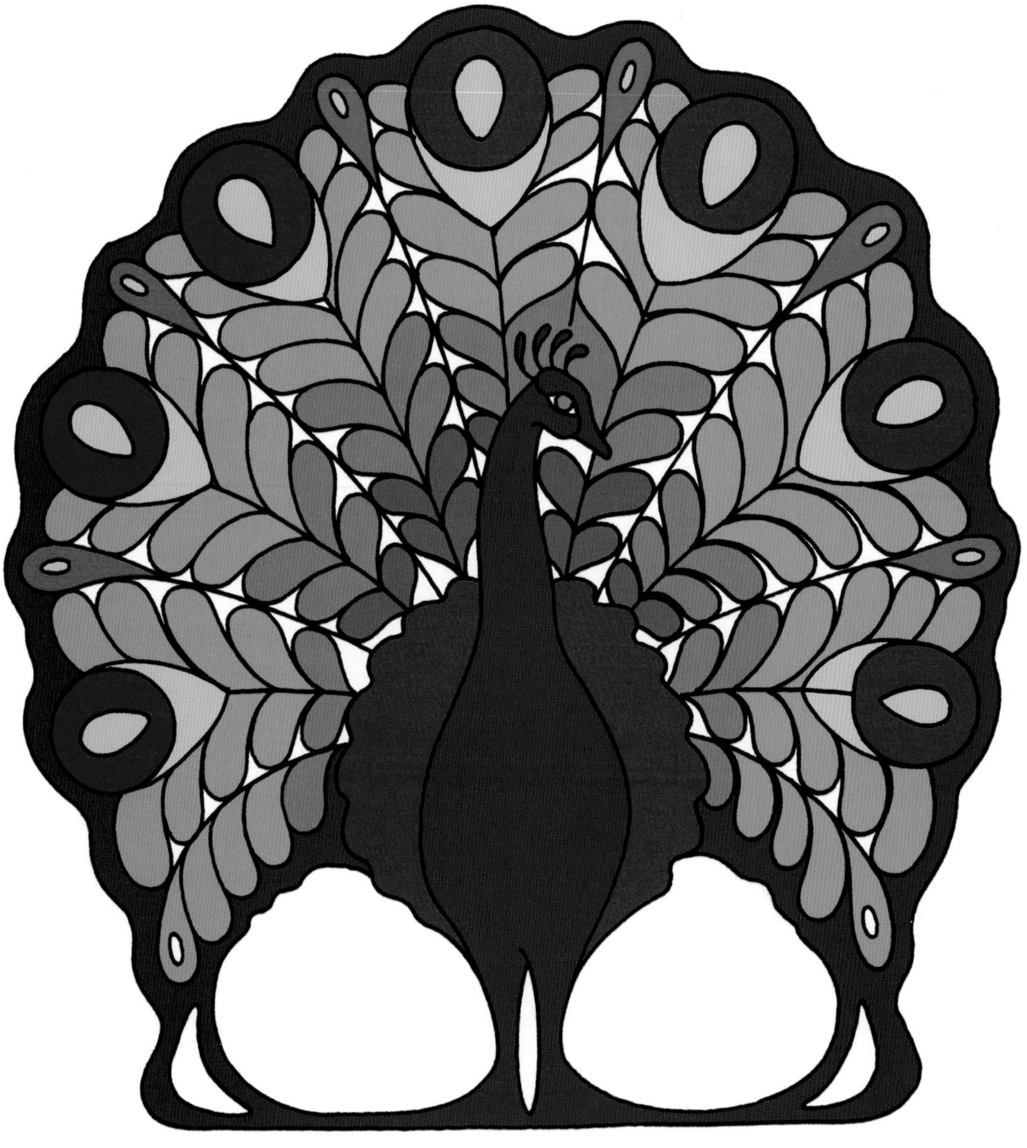

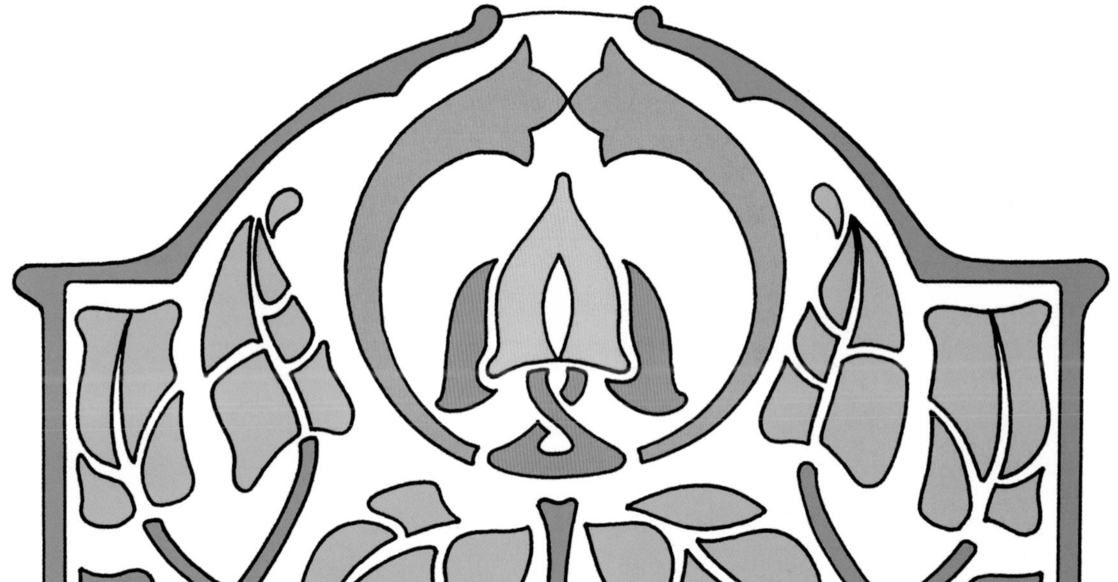

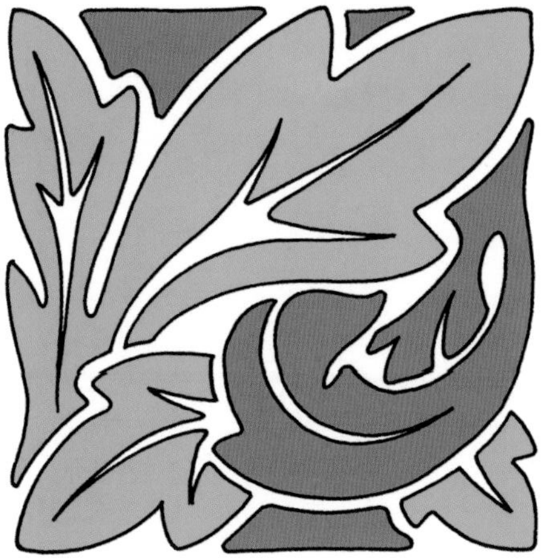

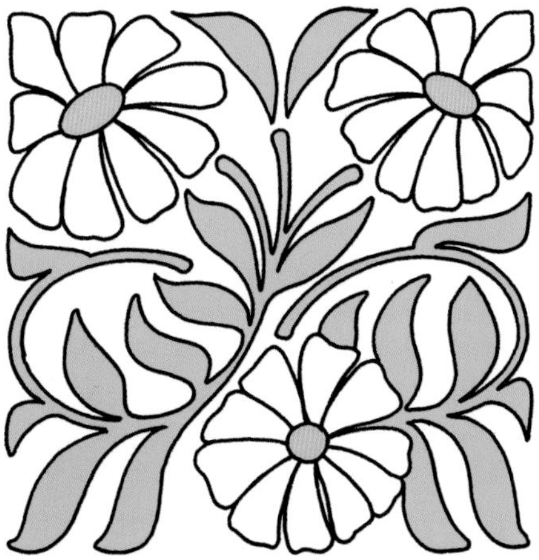

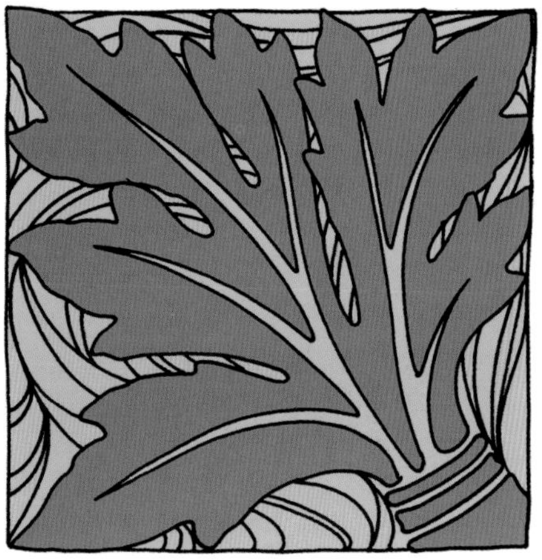

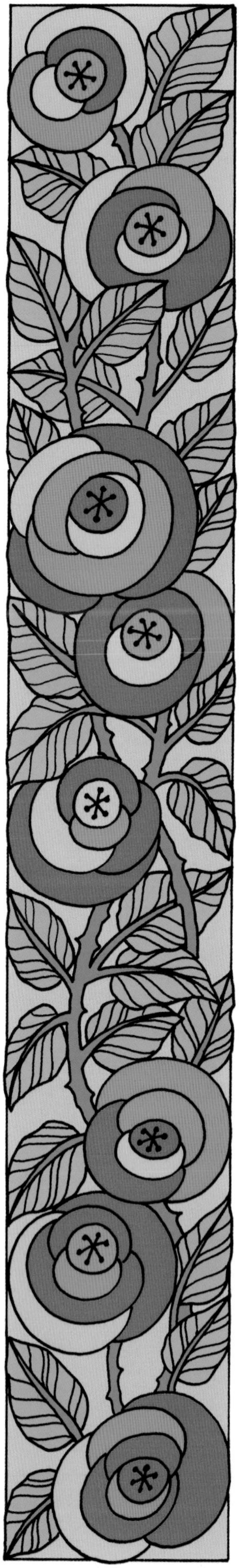

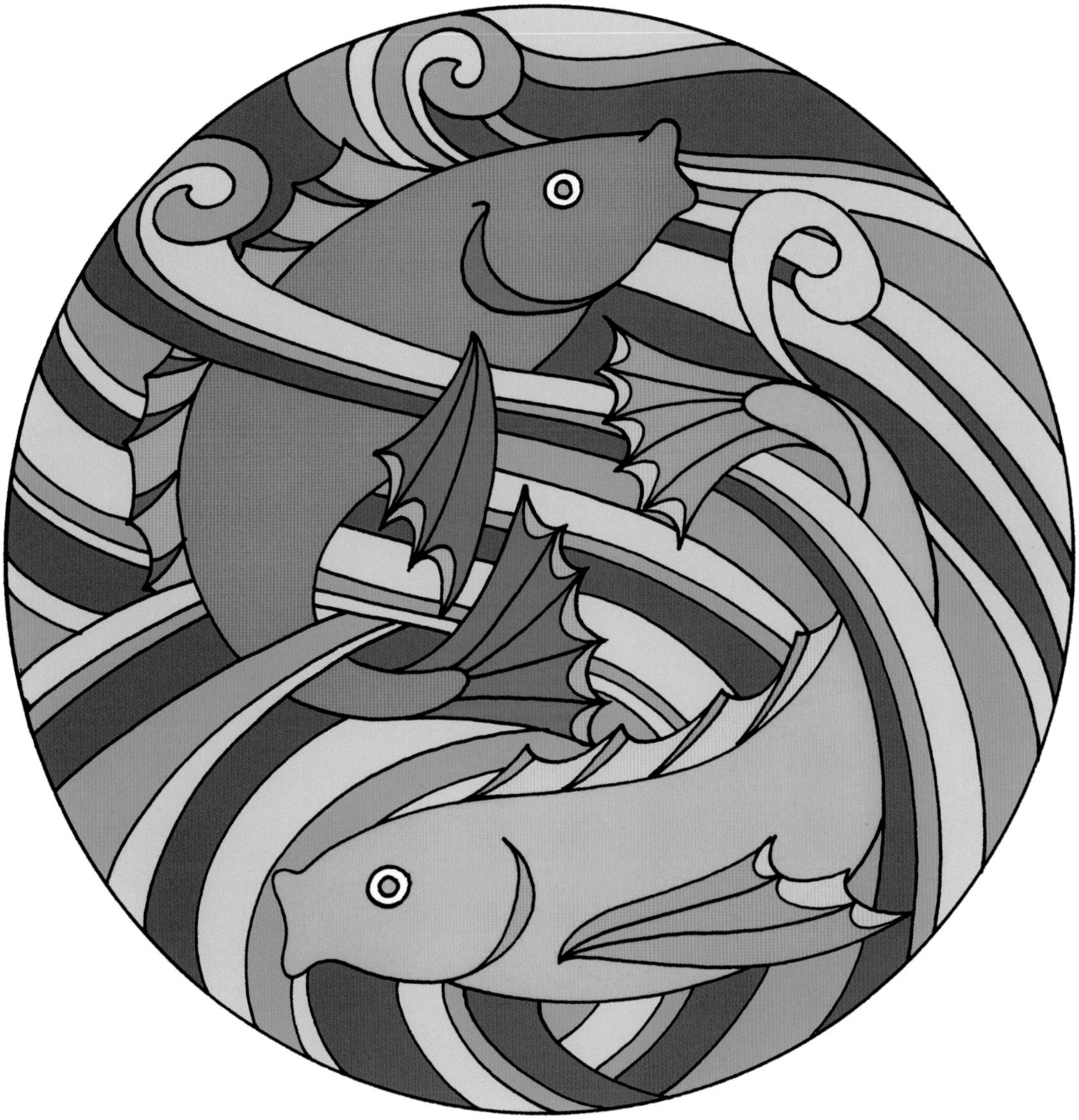

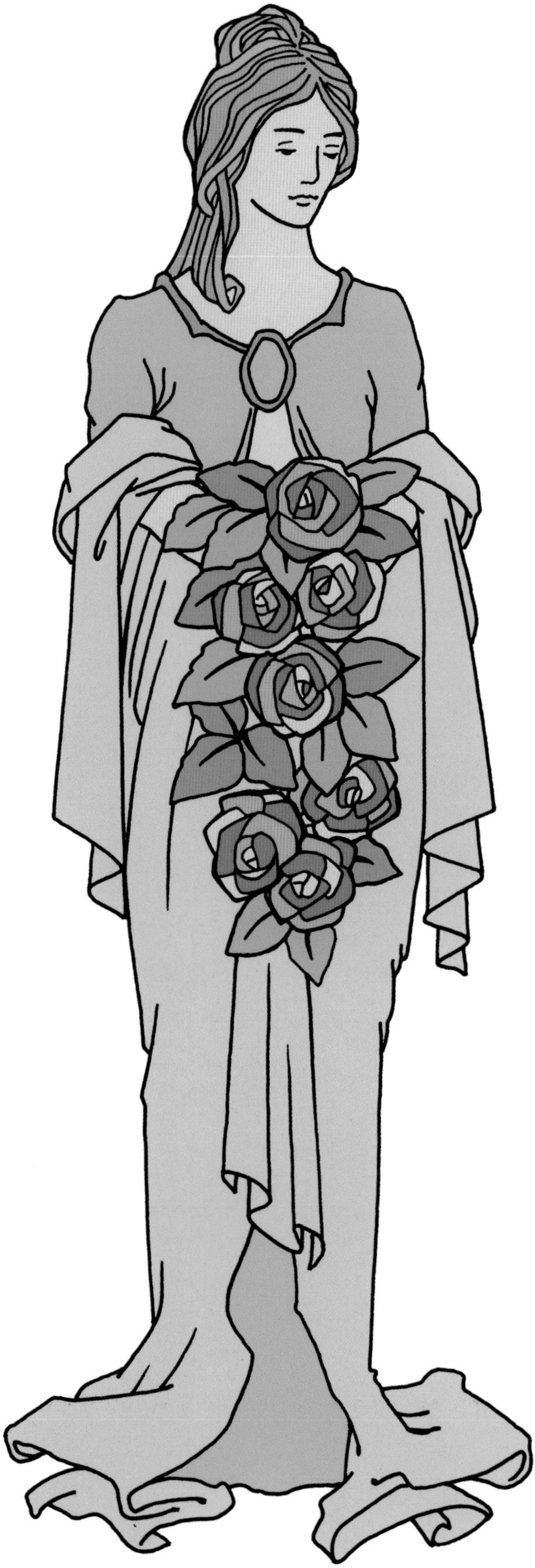

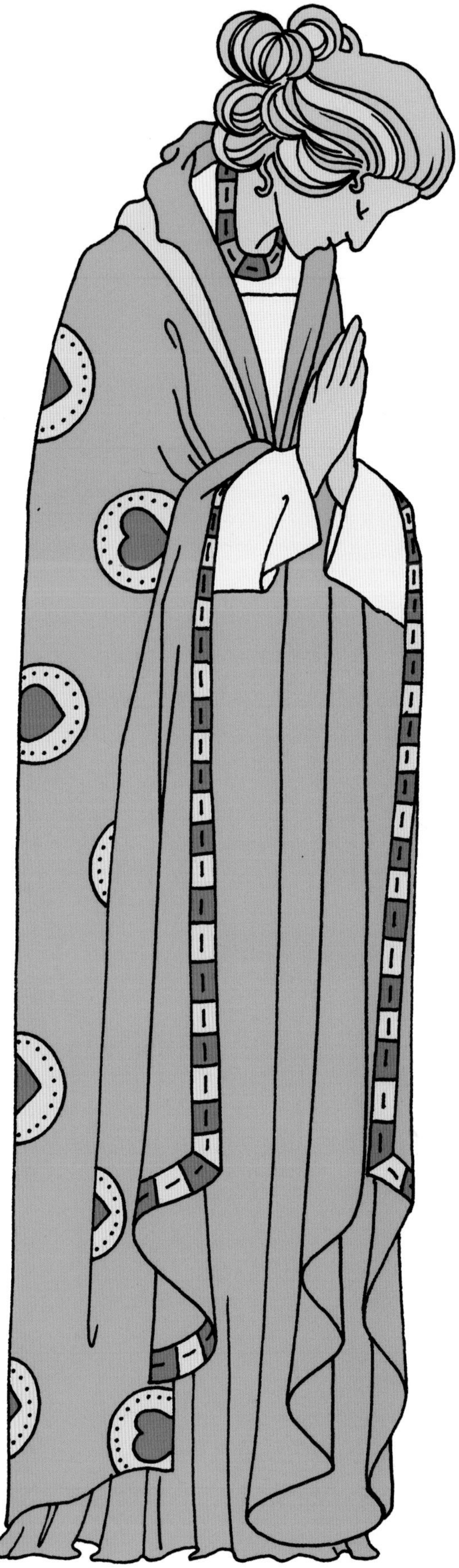

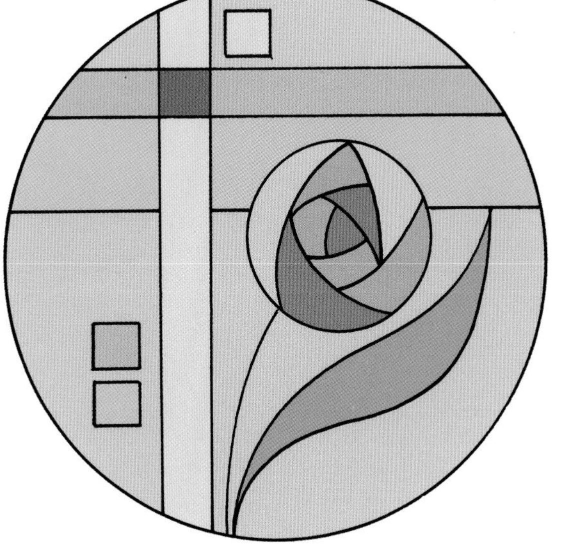

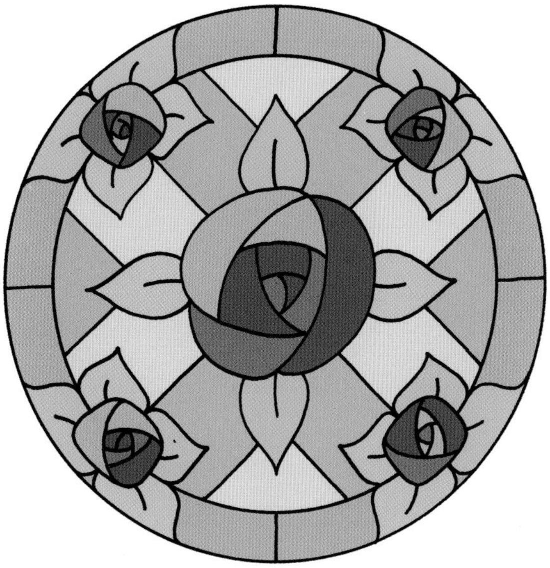

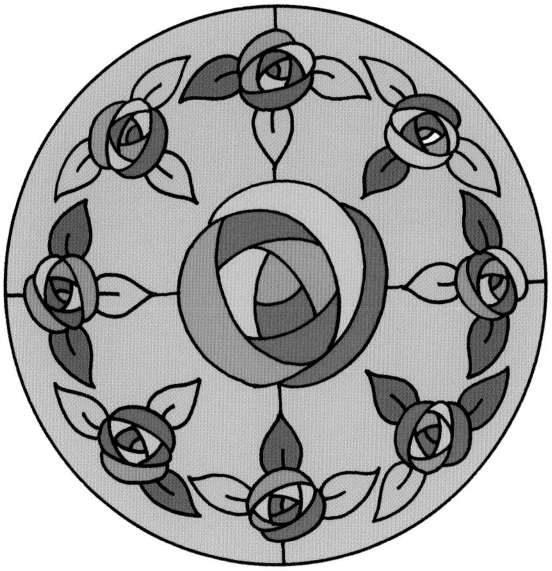

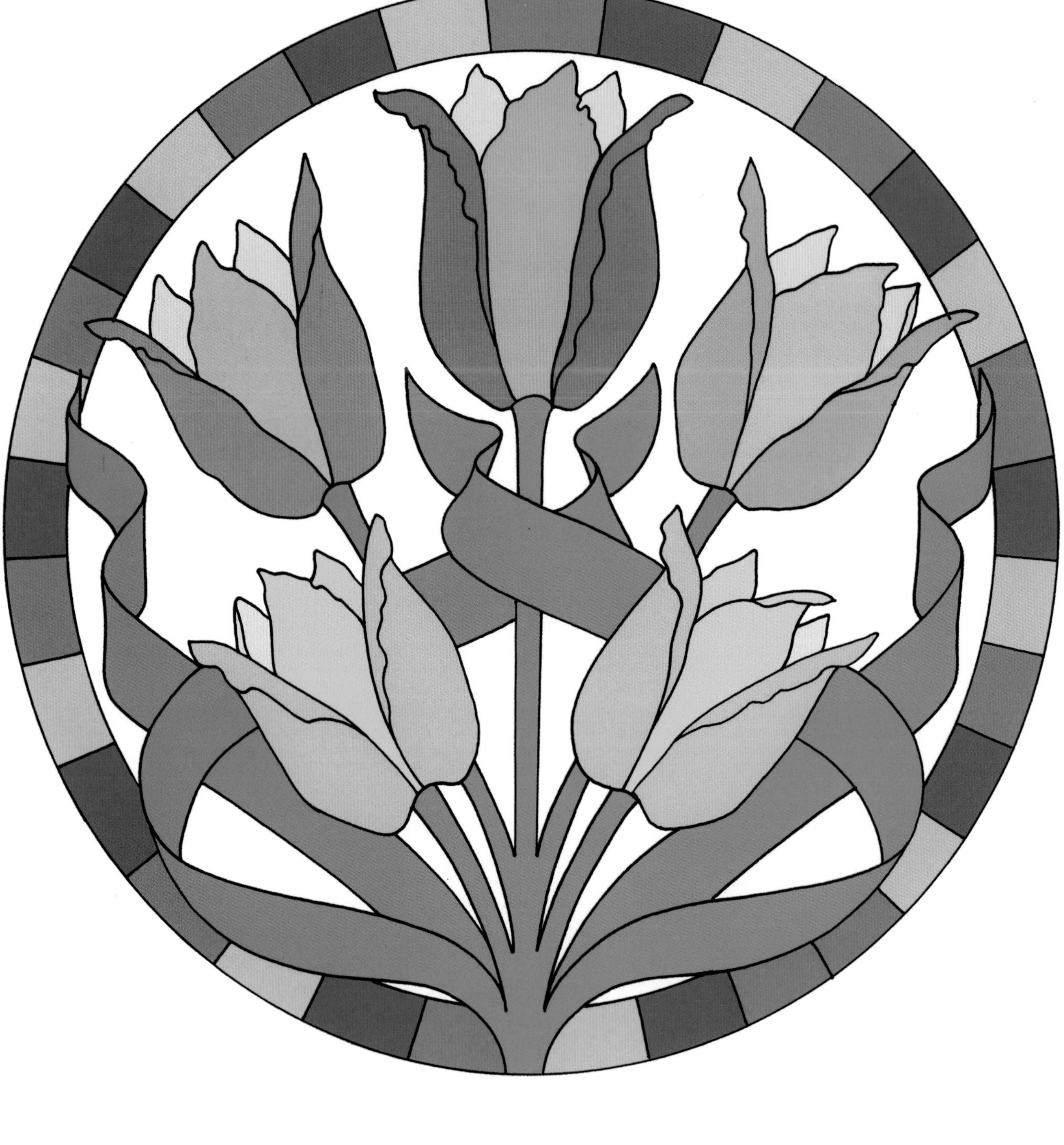

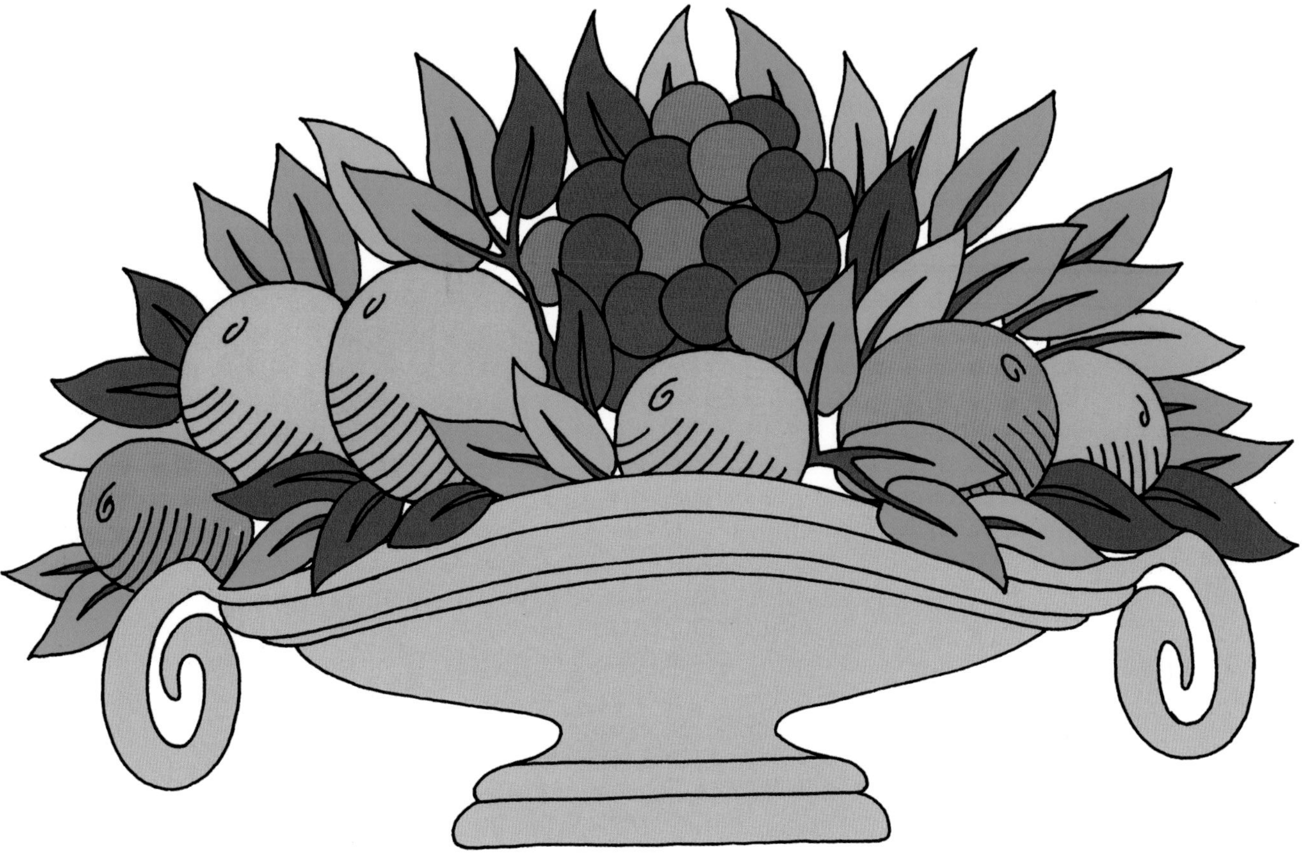

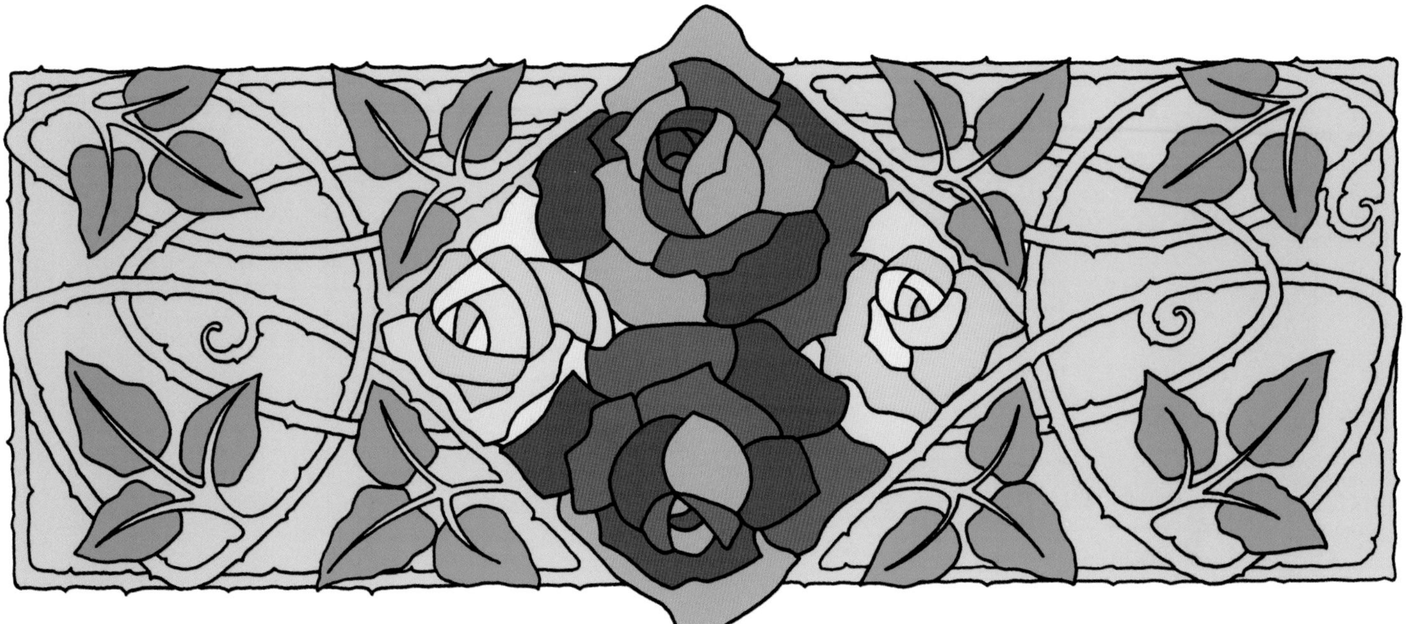

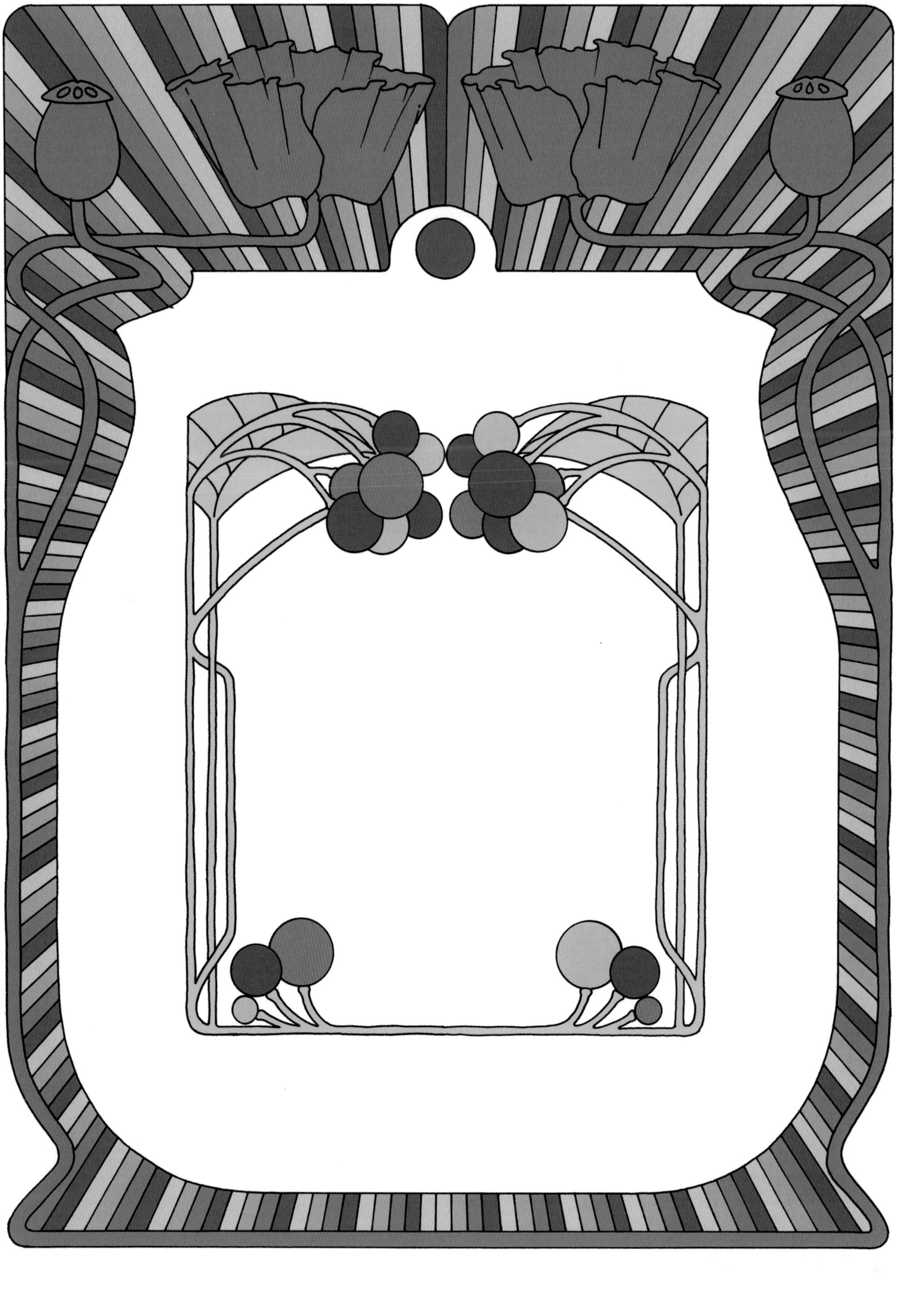

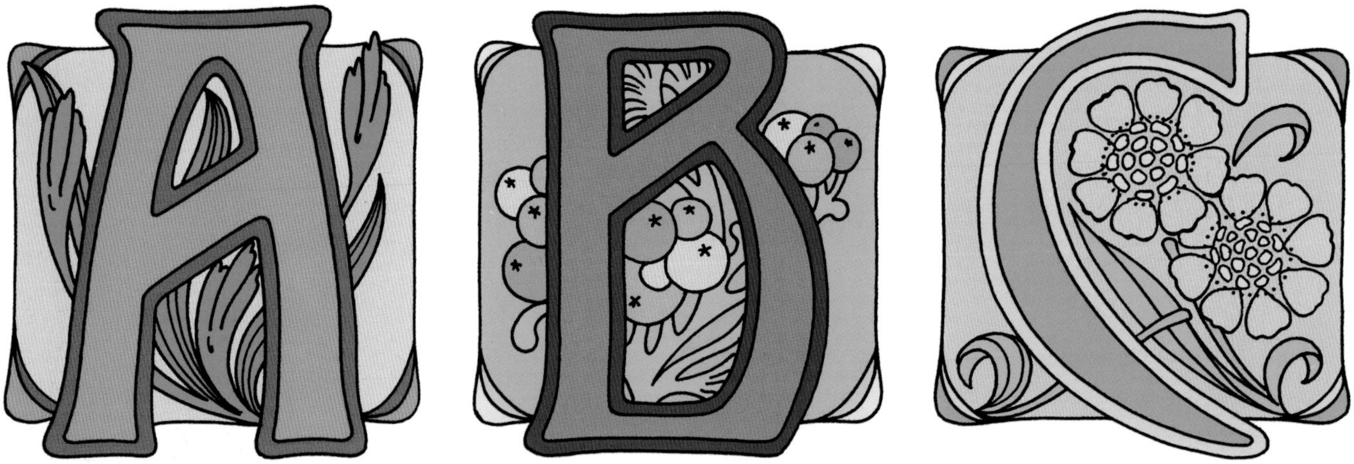
A B C

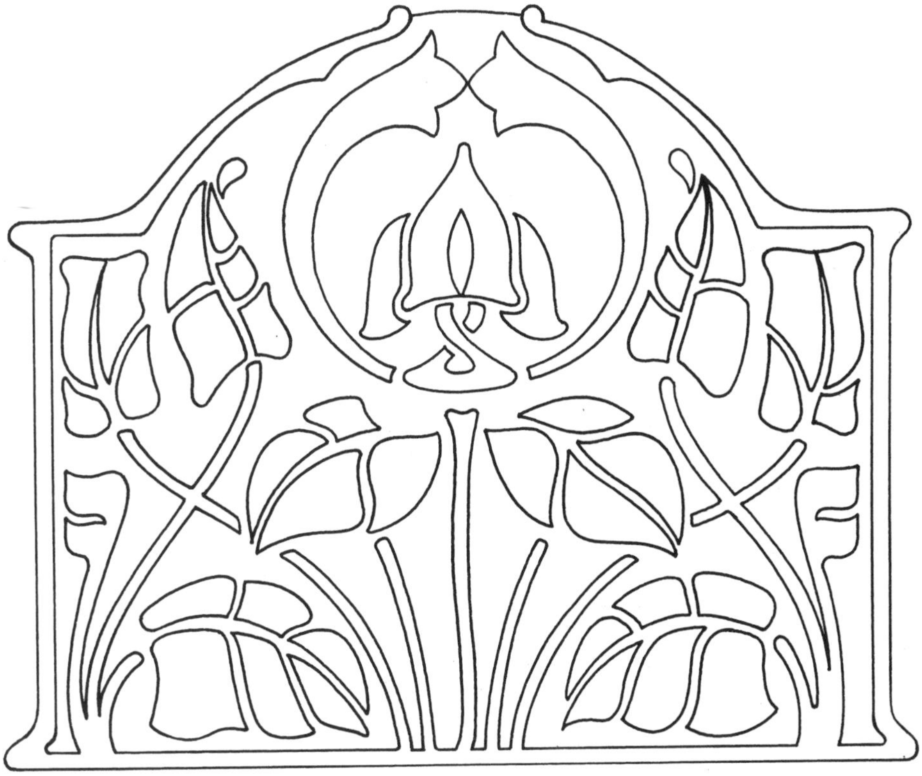
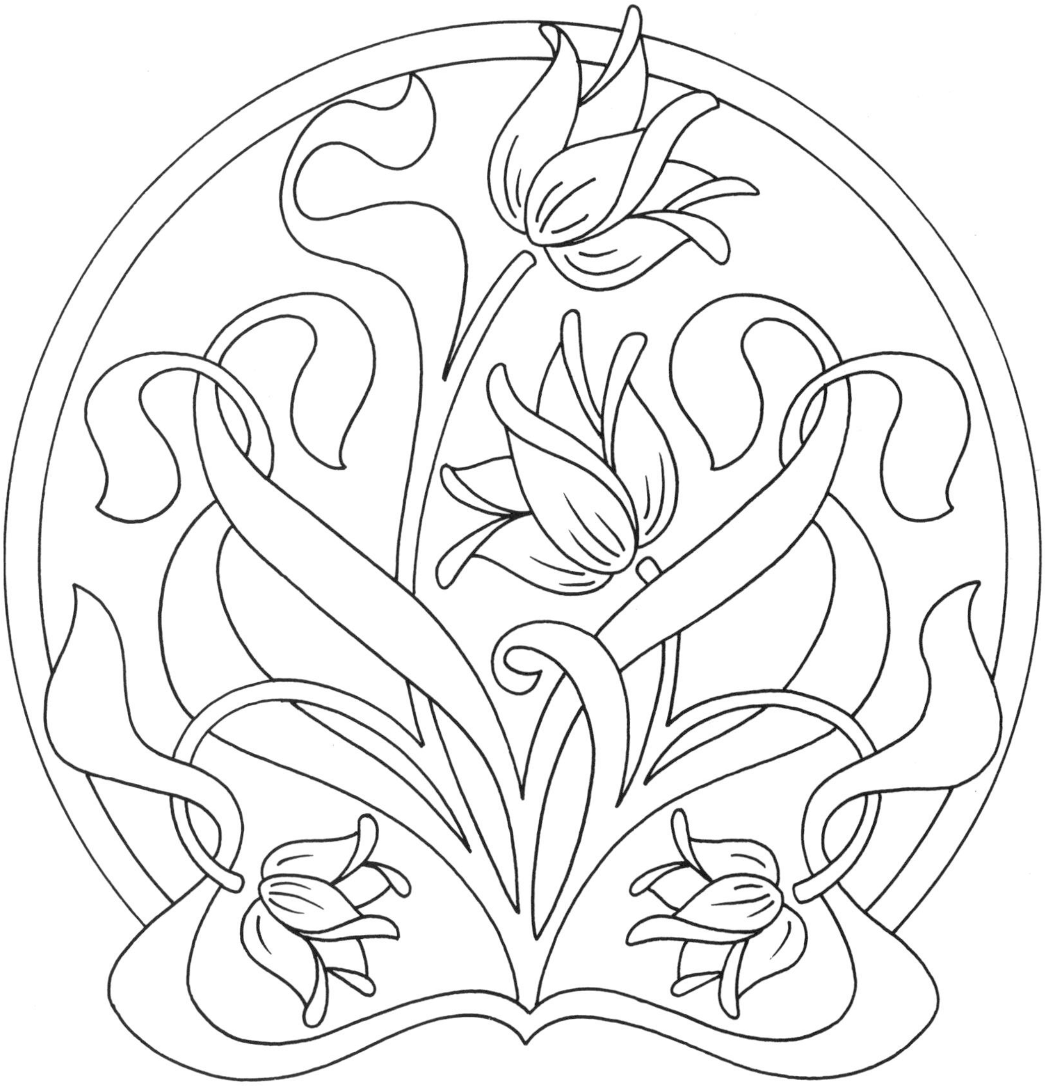
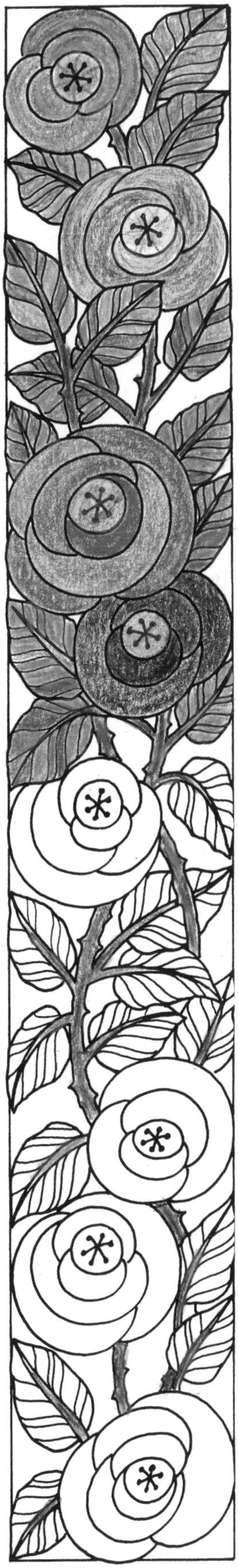

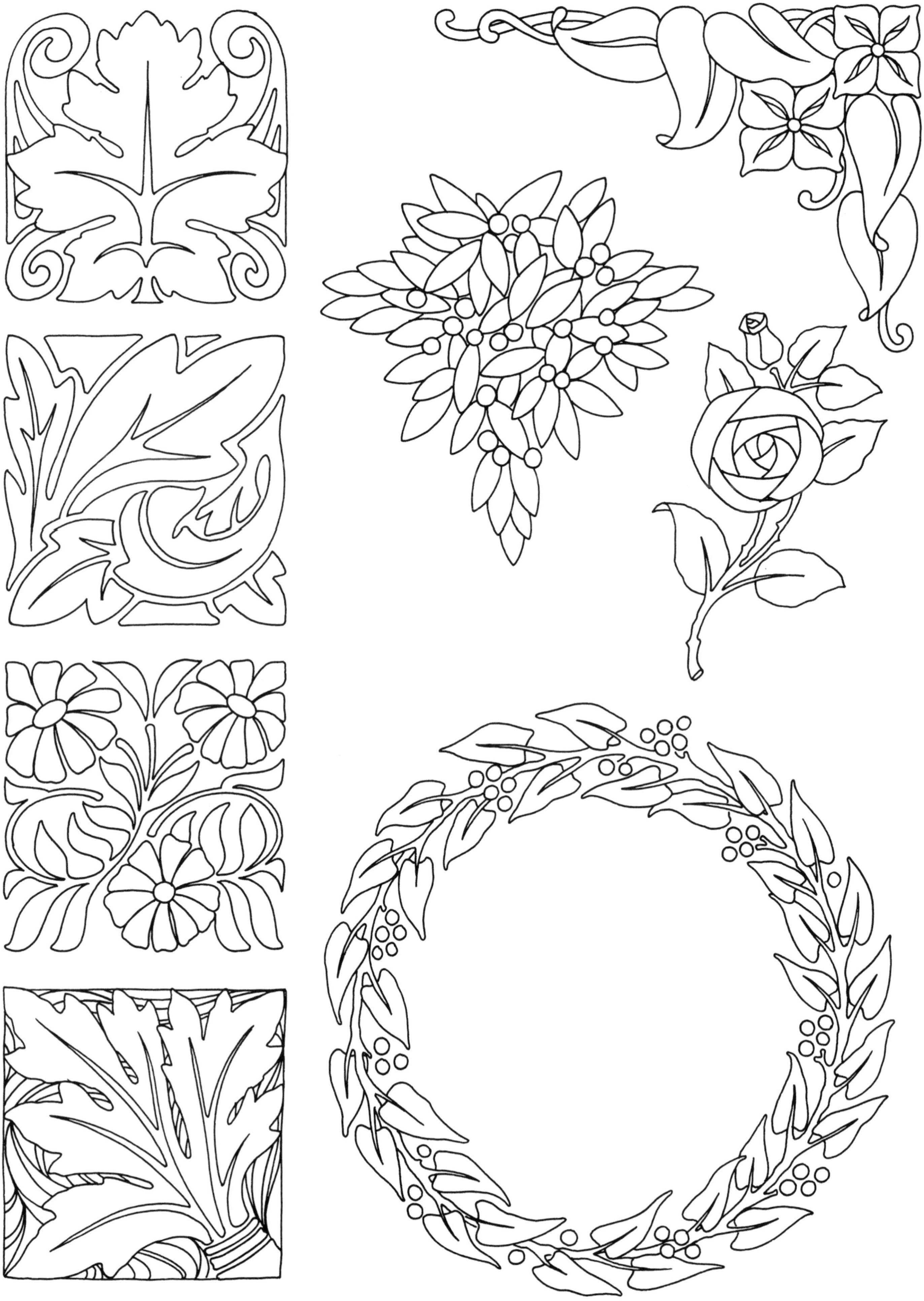

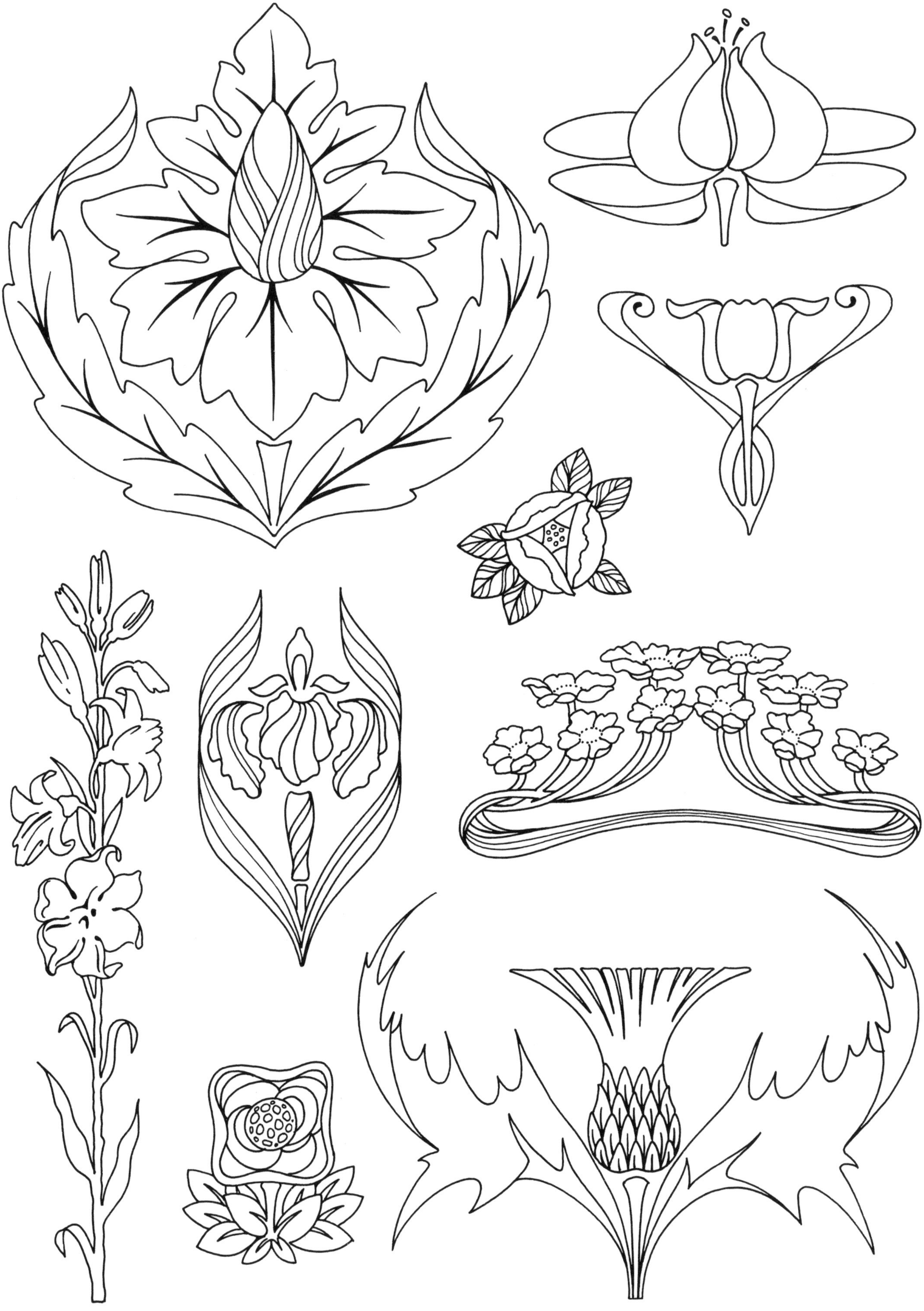

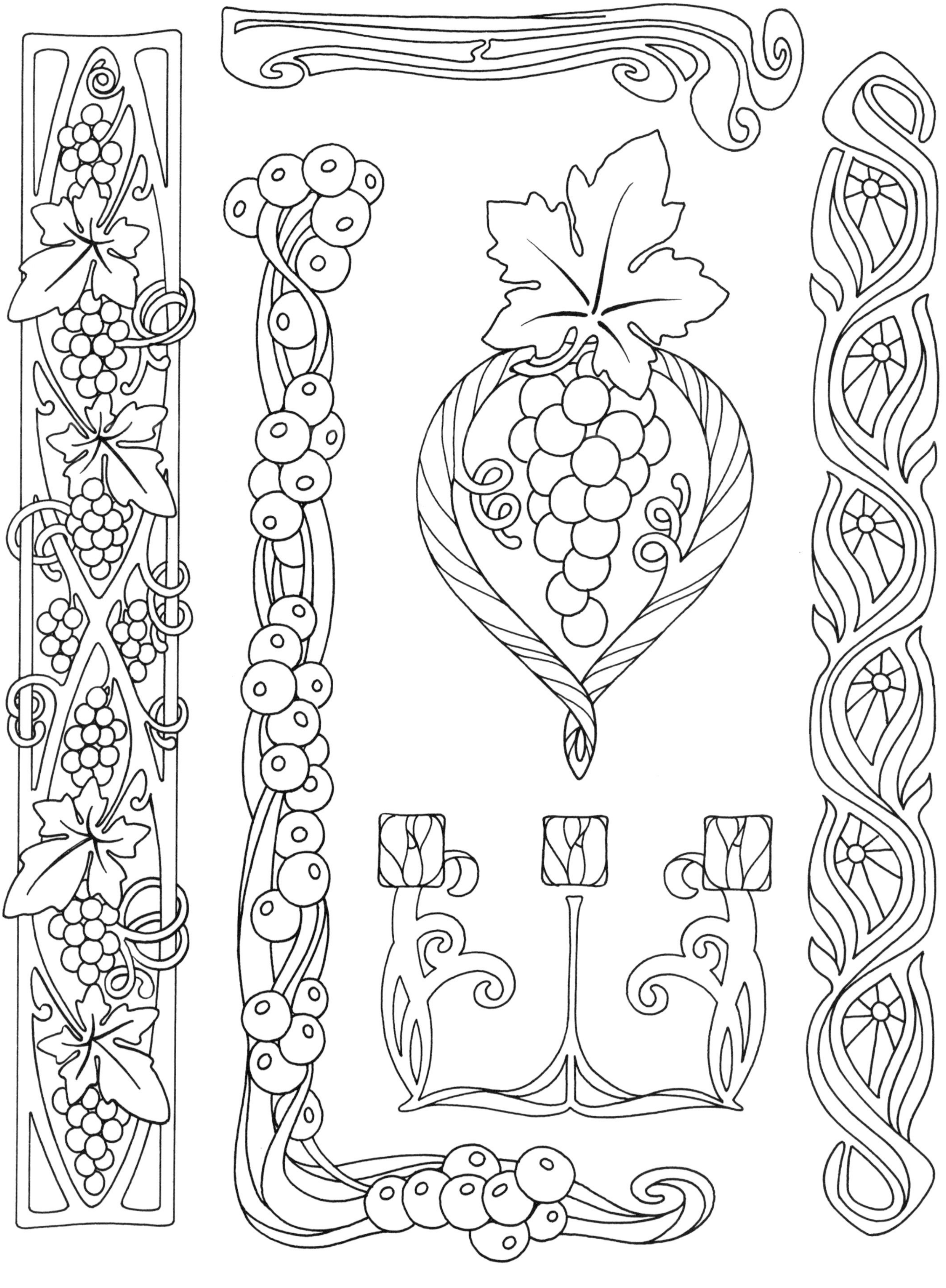

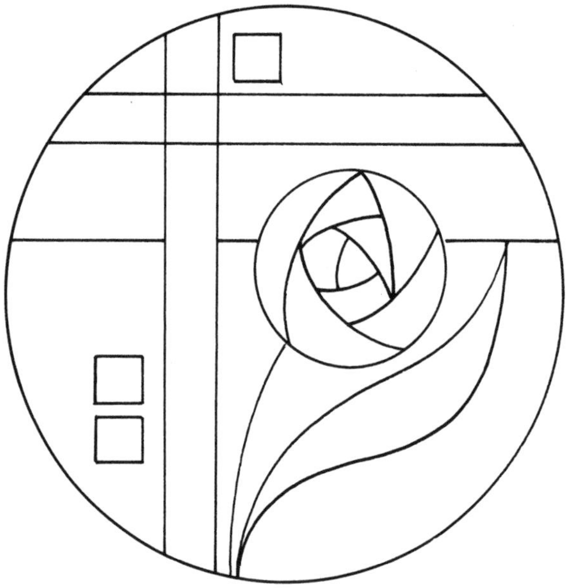
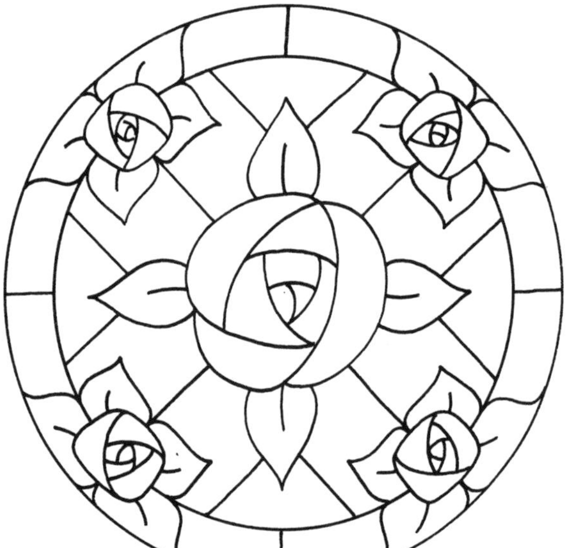
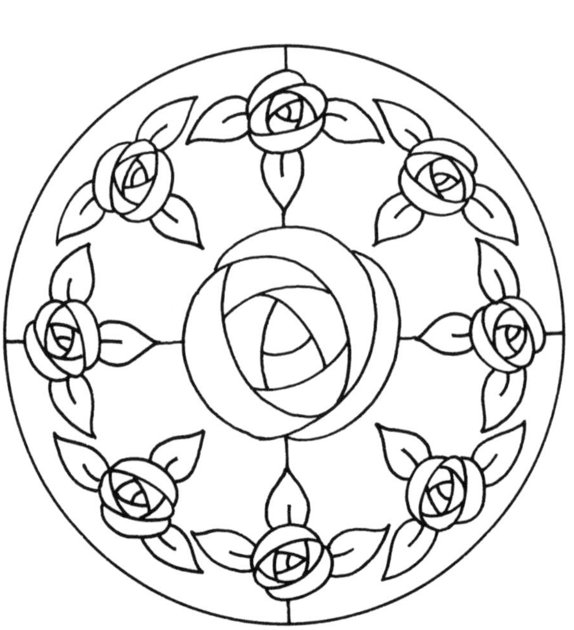

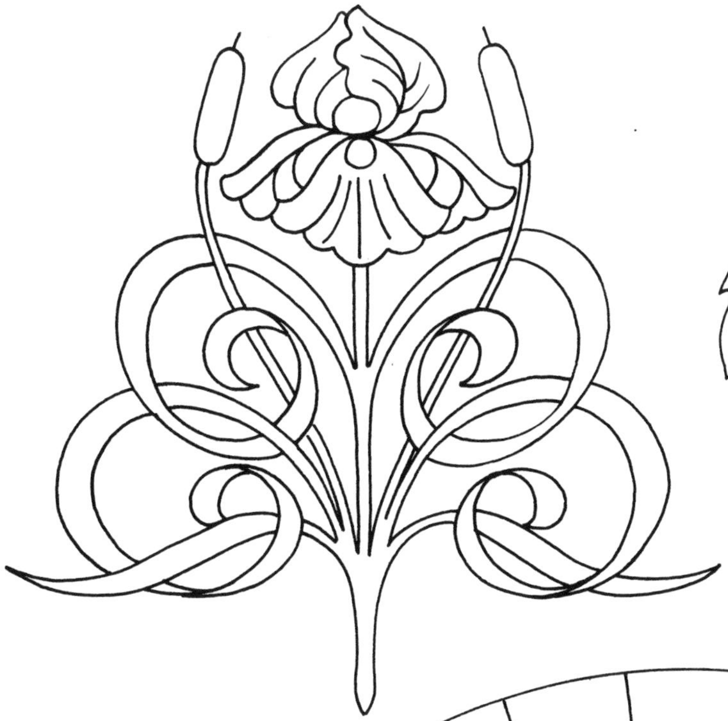
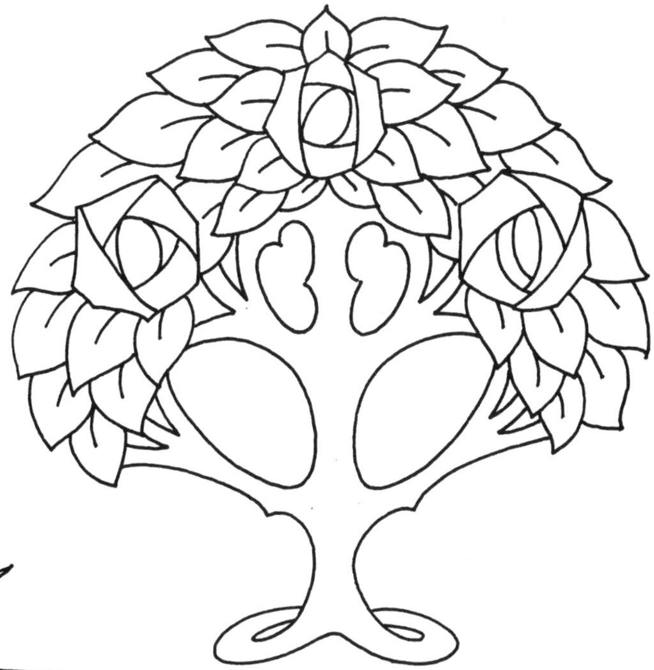
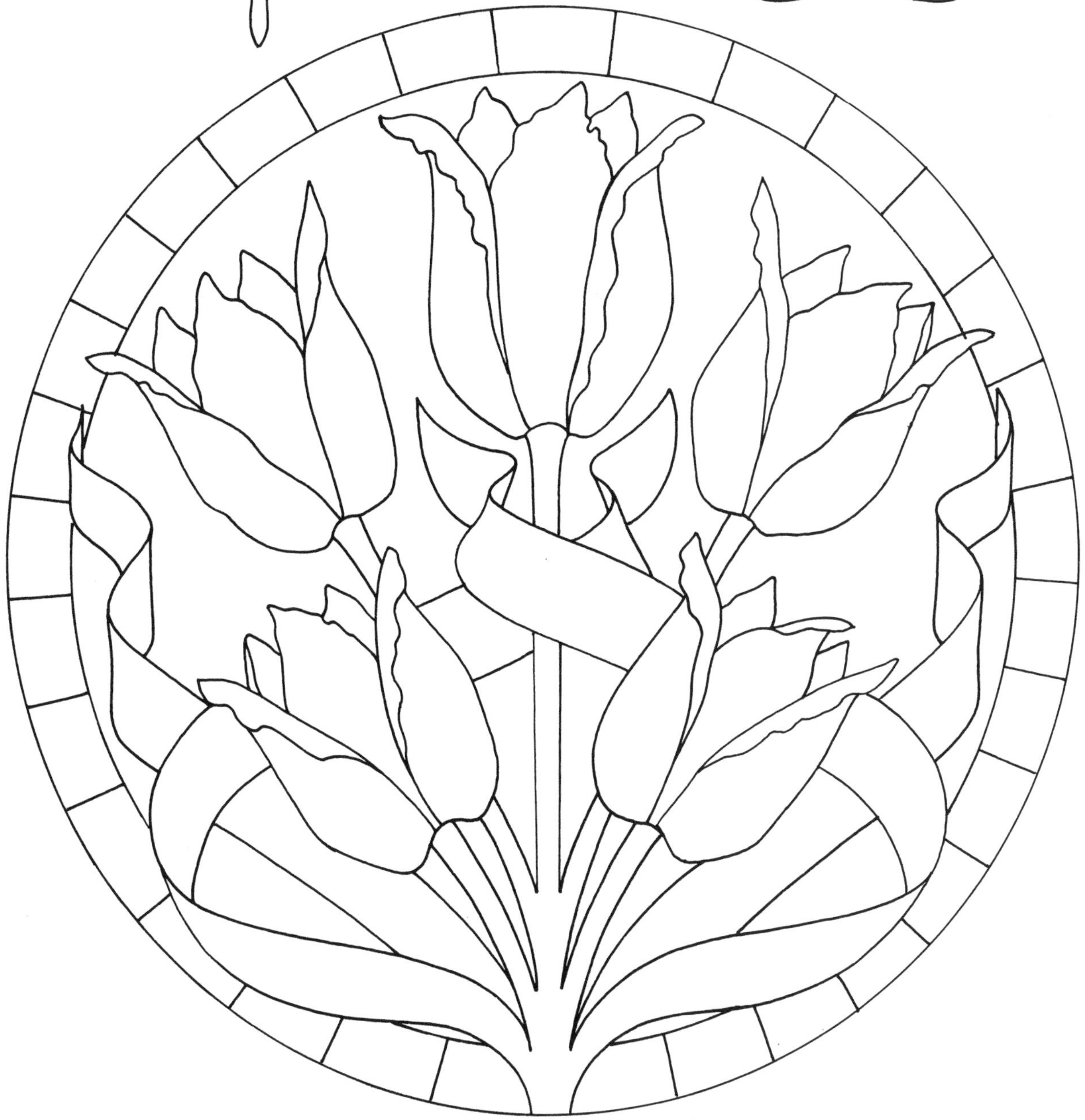

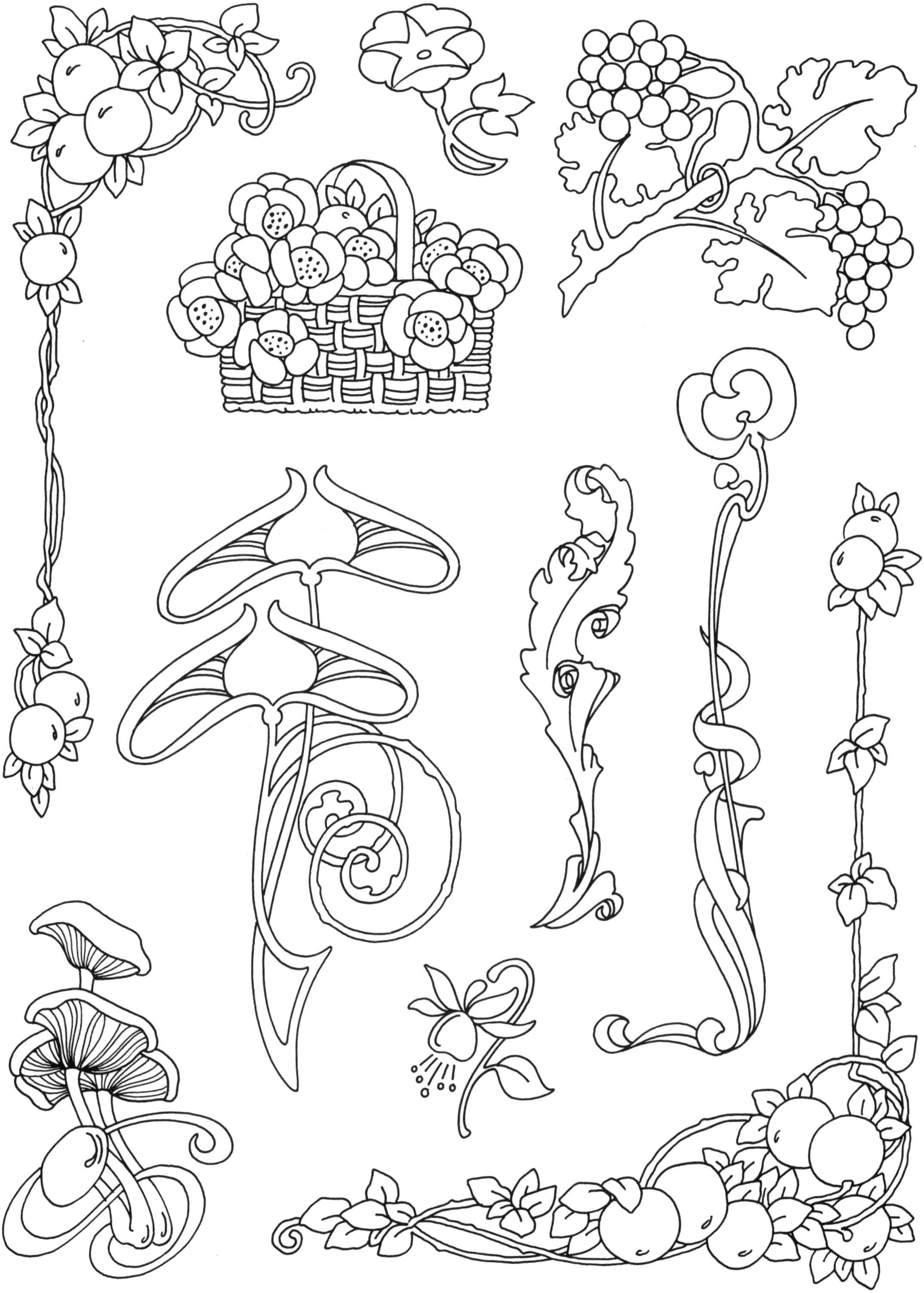

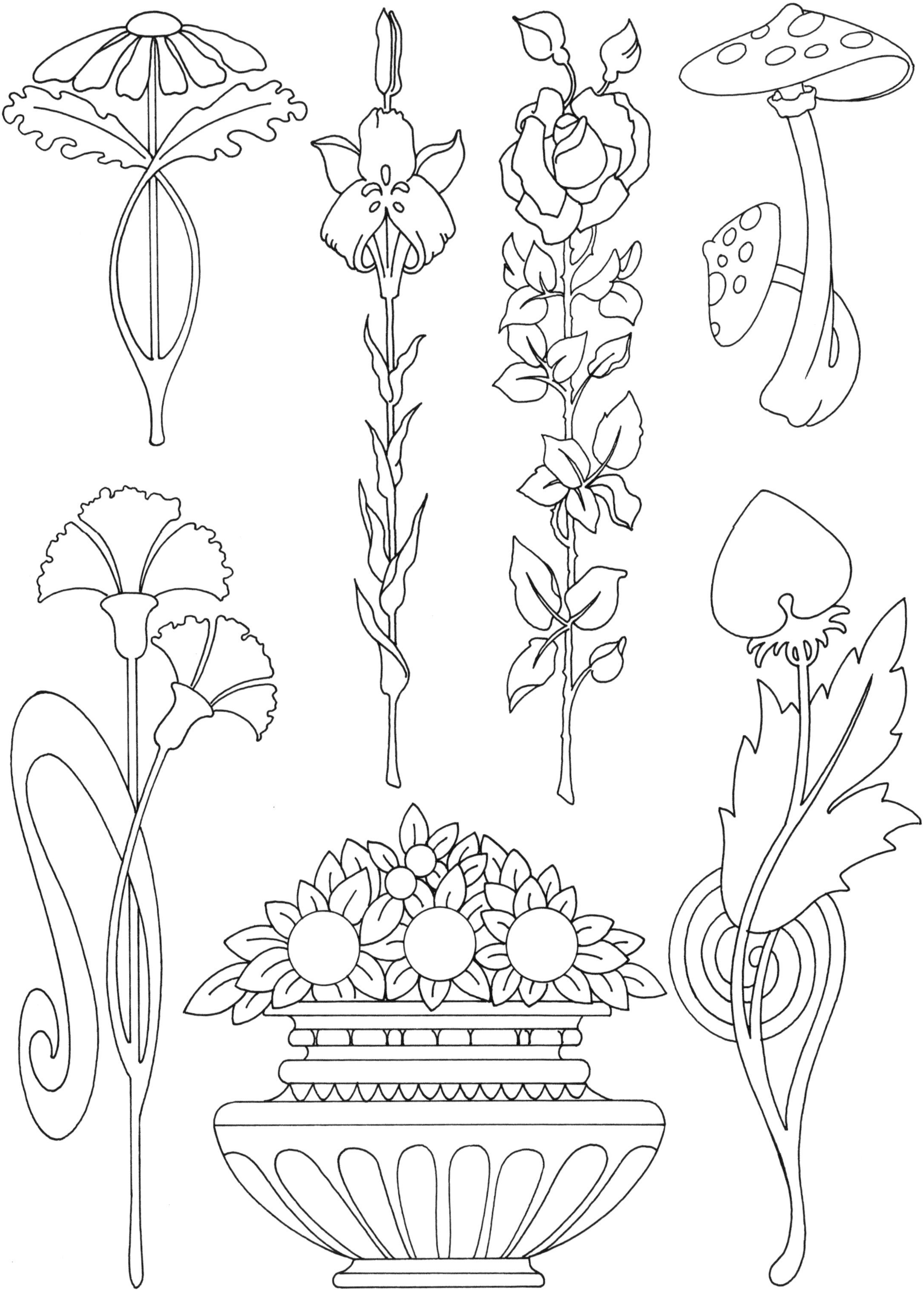

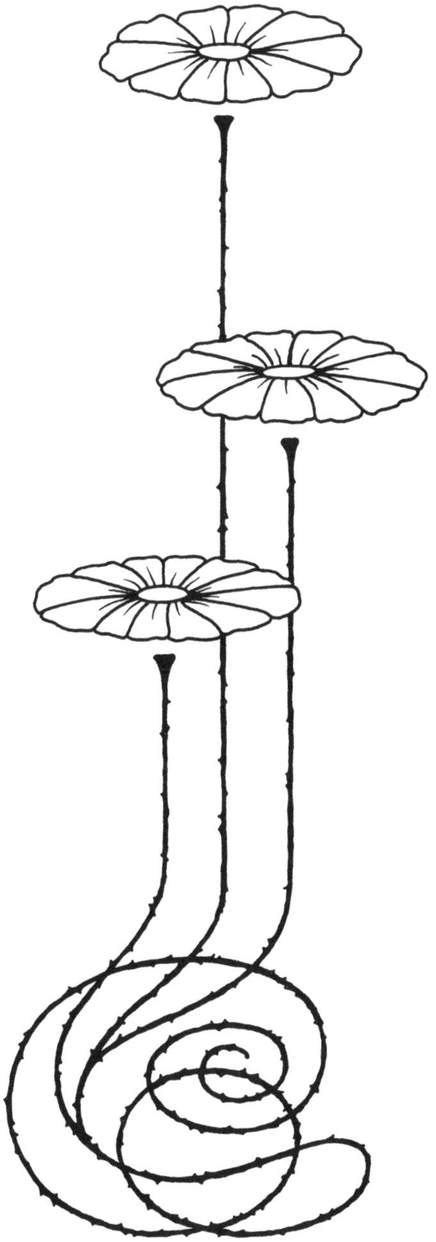
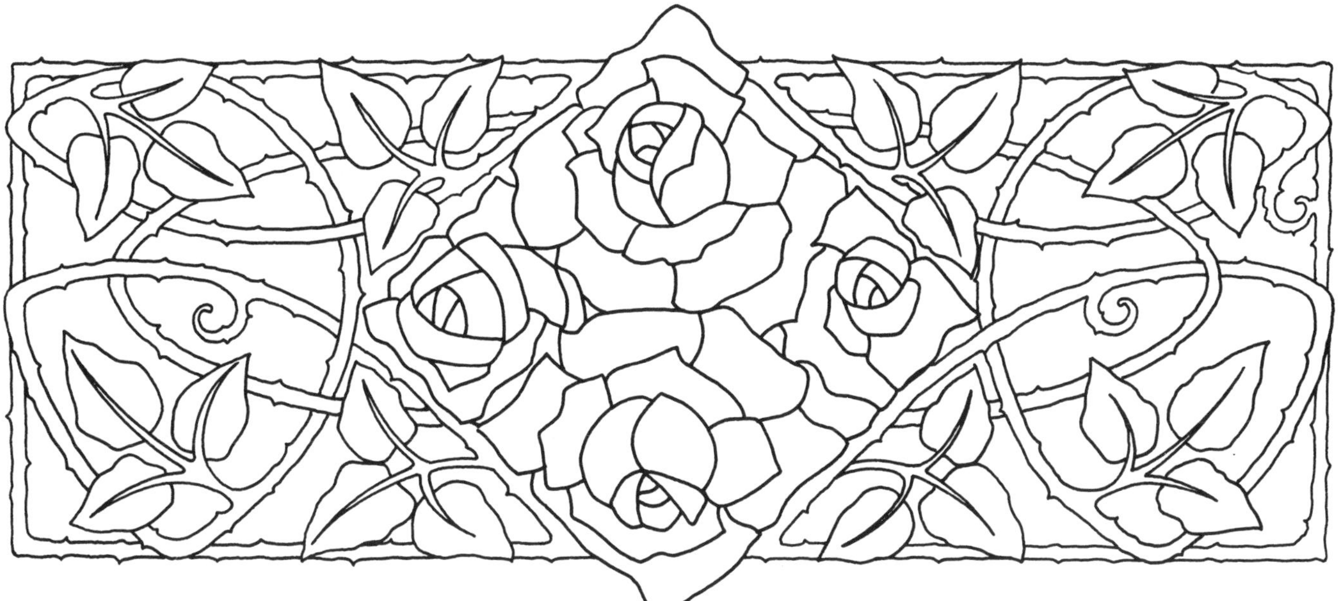

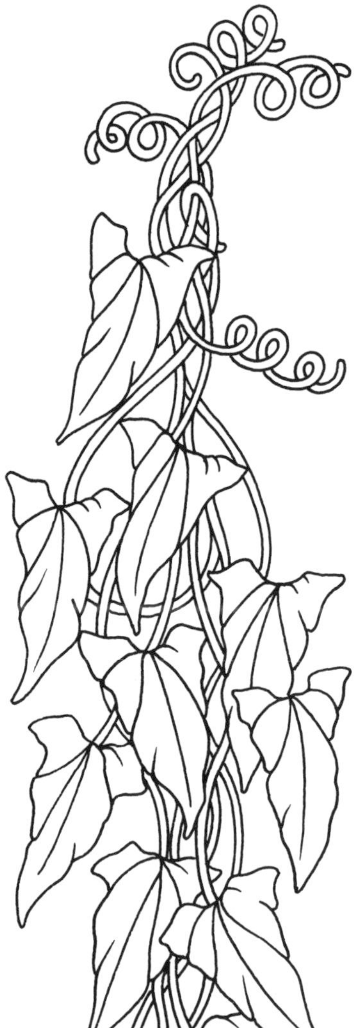

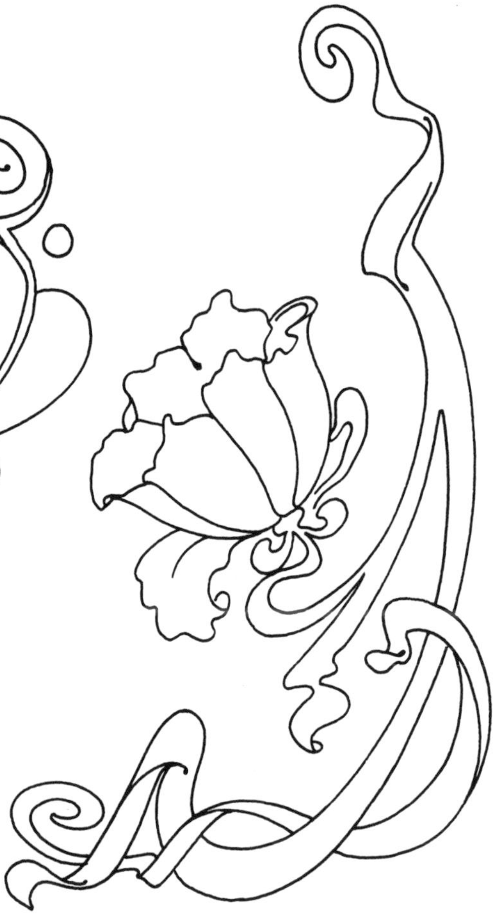
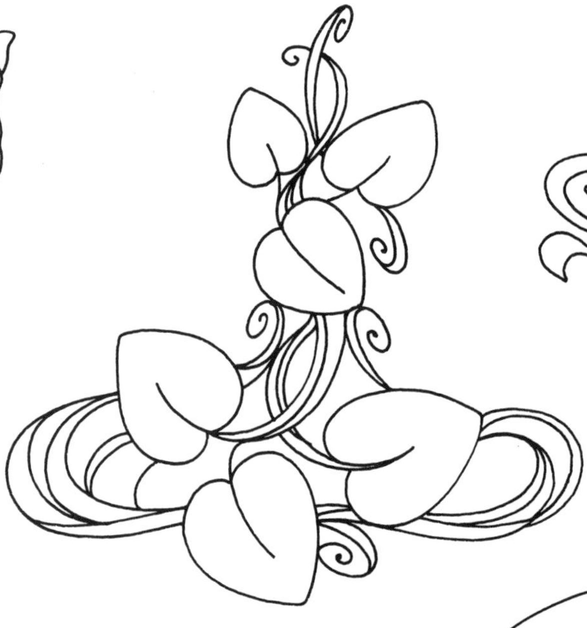
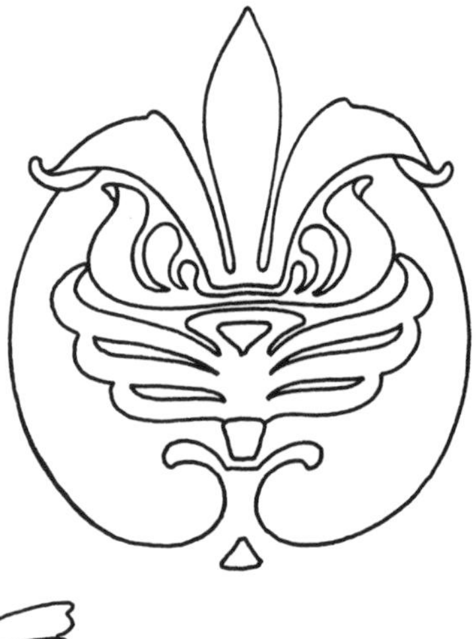
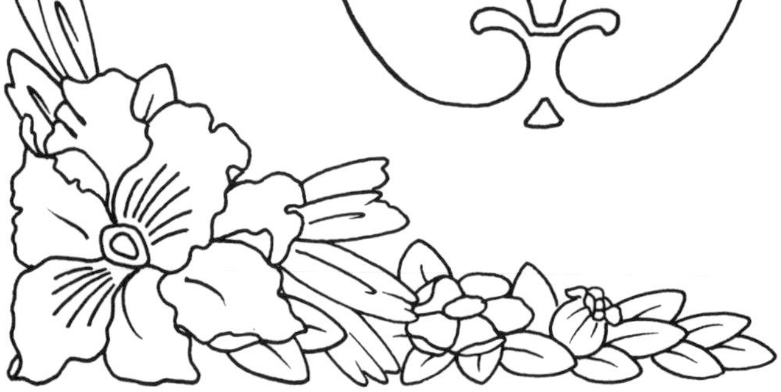
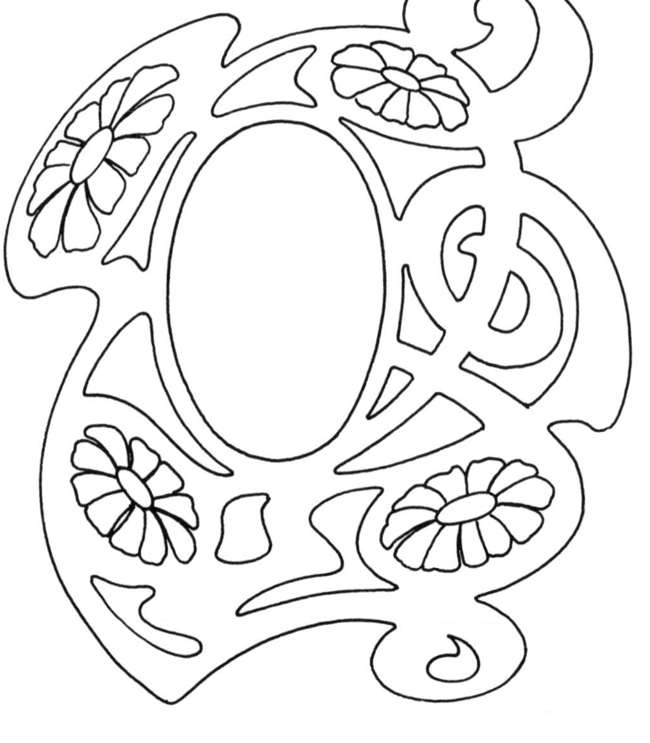

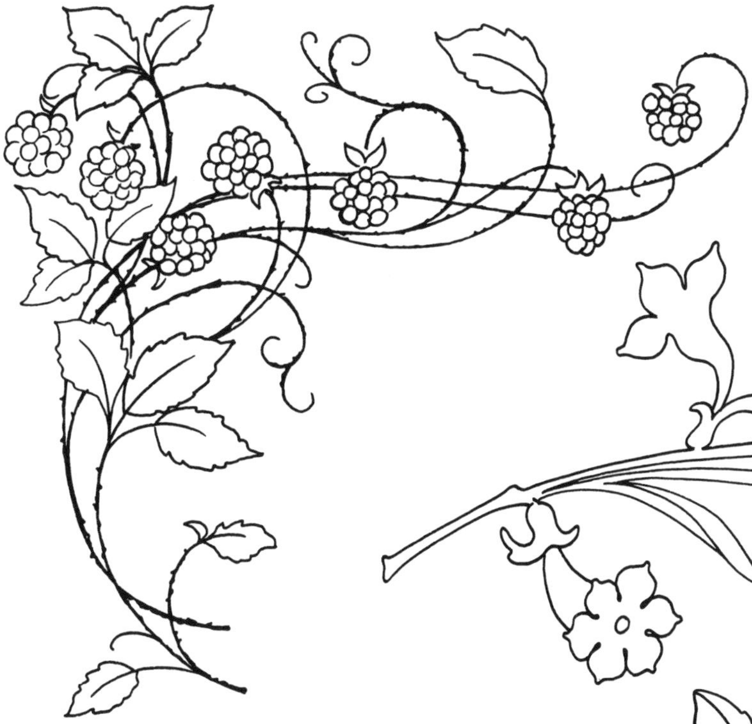
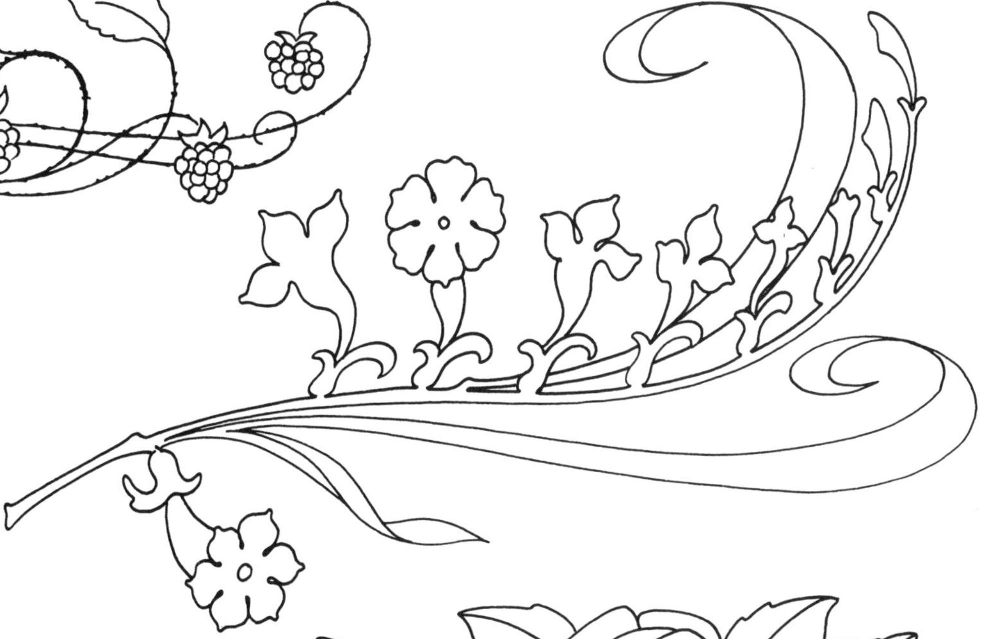
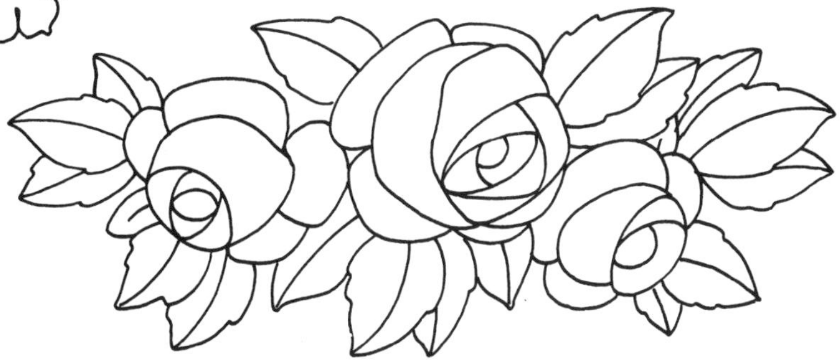
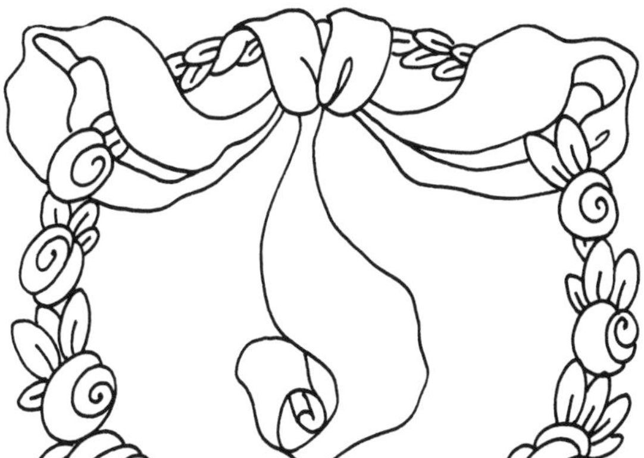
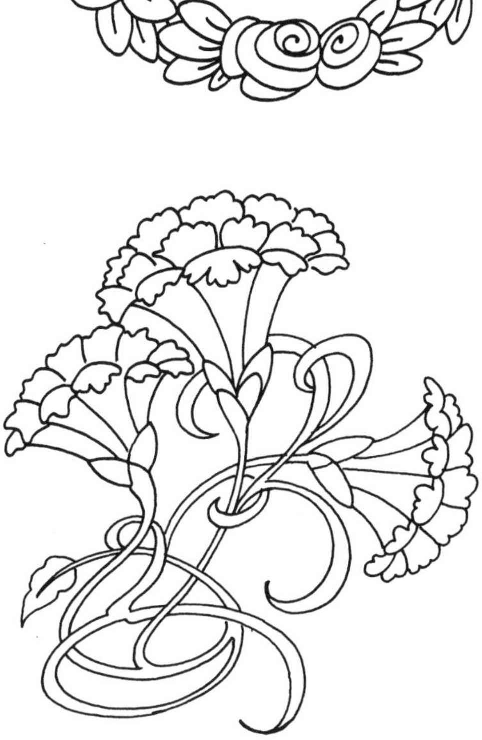
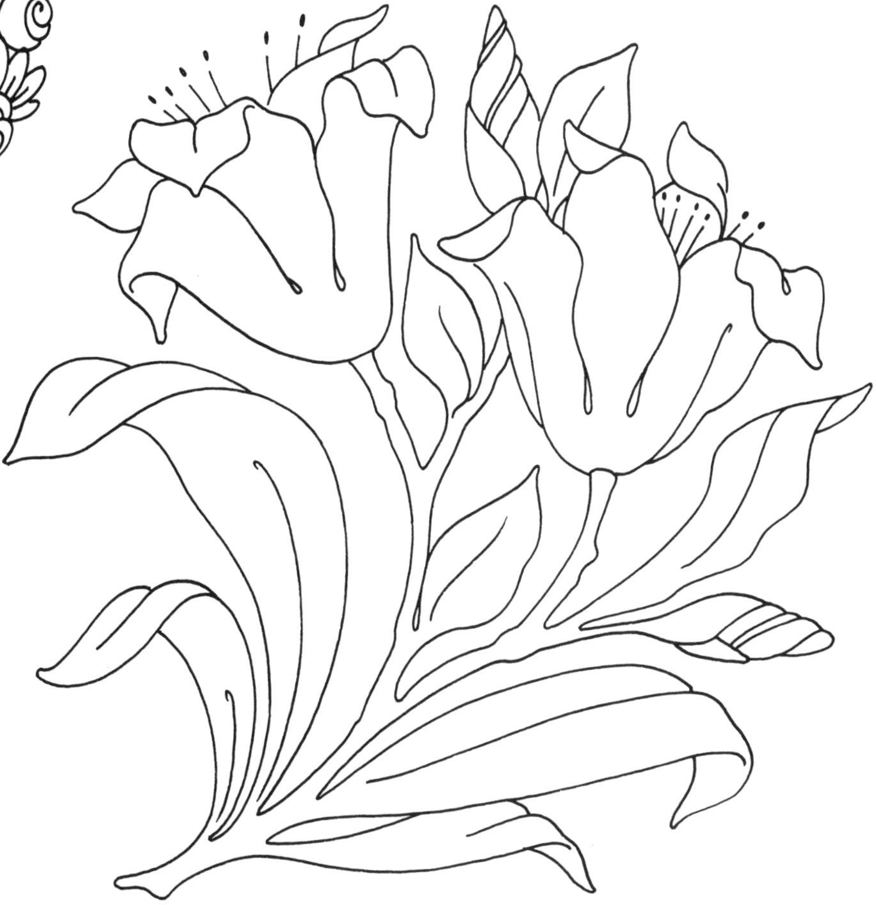

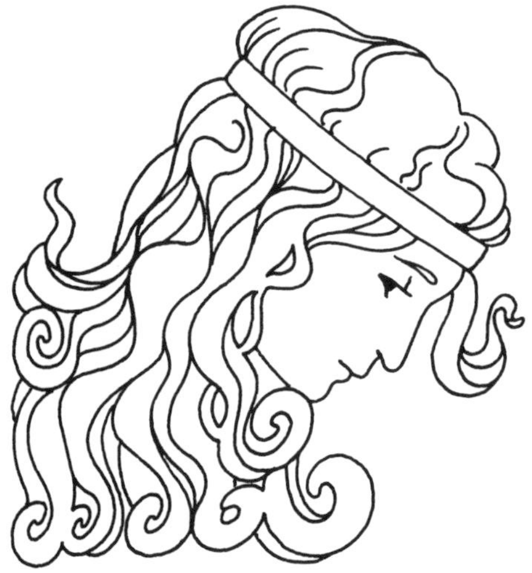
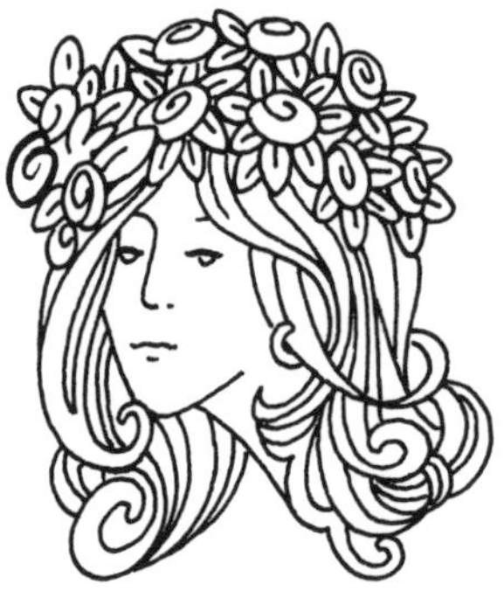
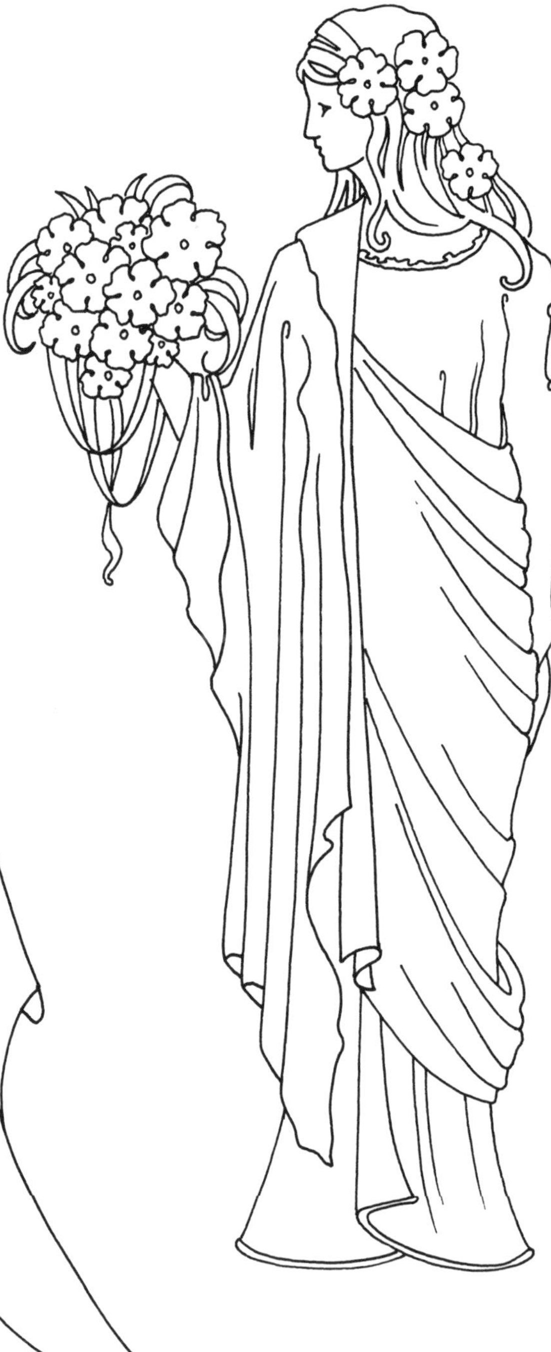
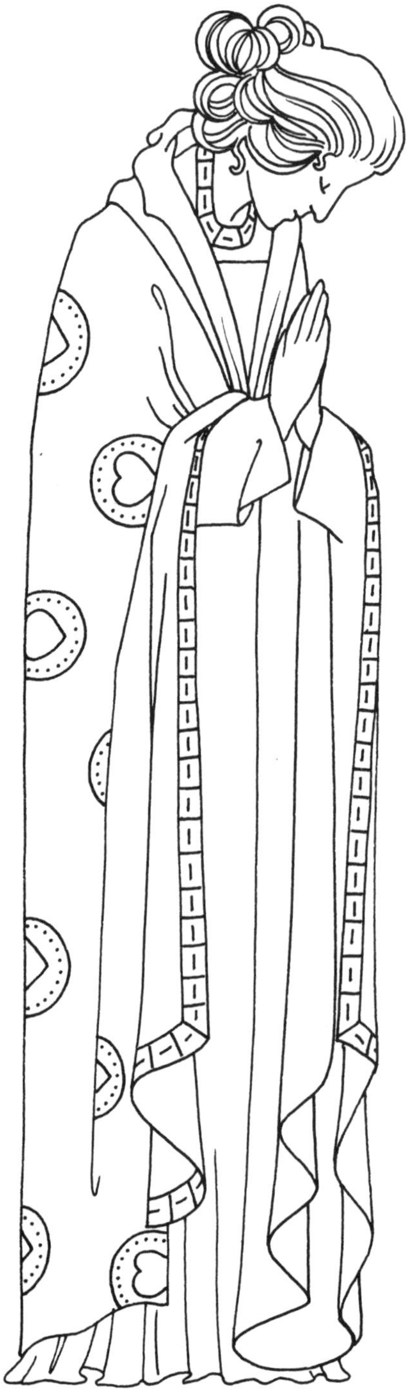
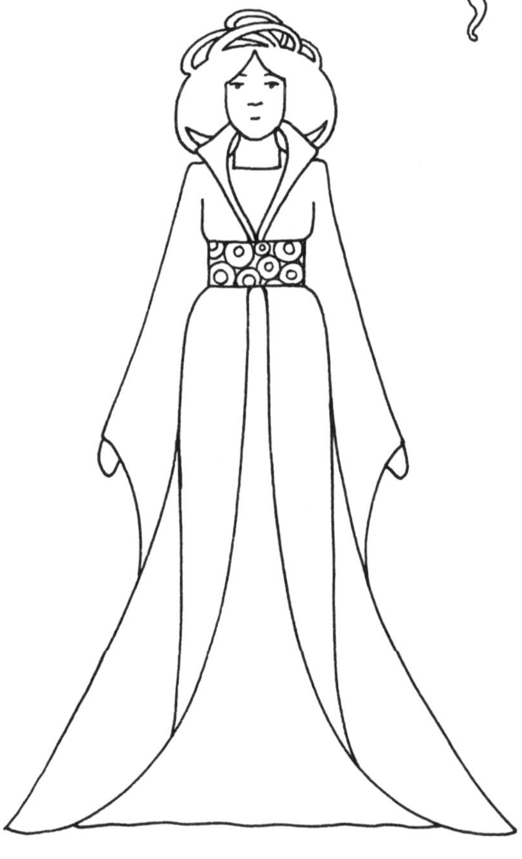
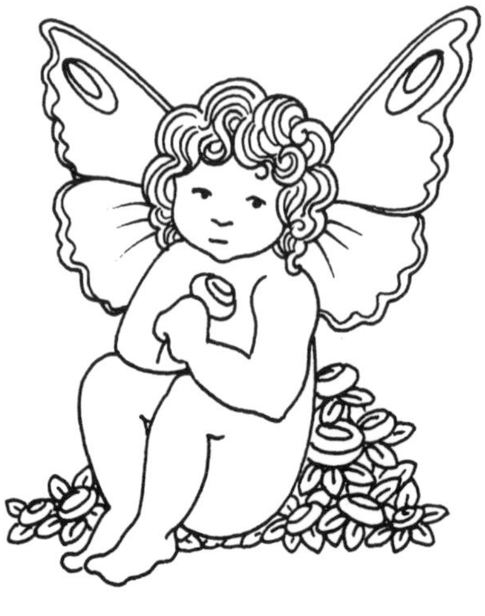
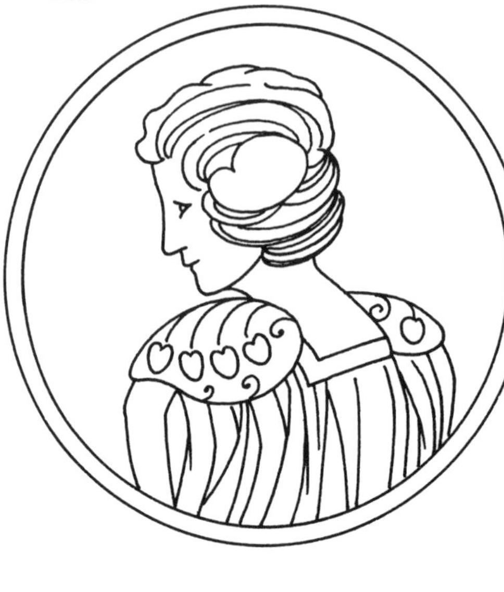

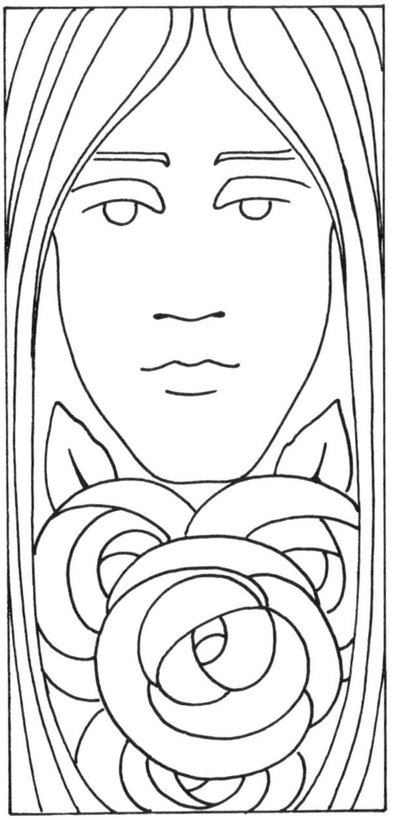
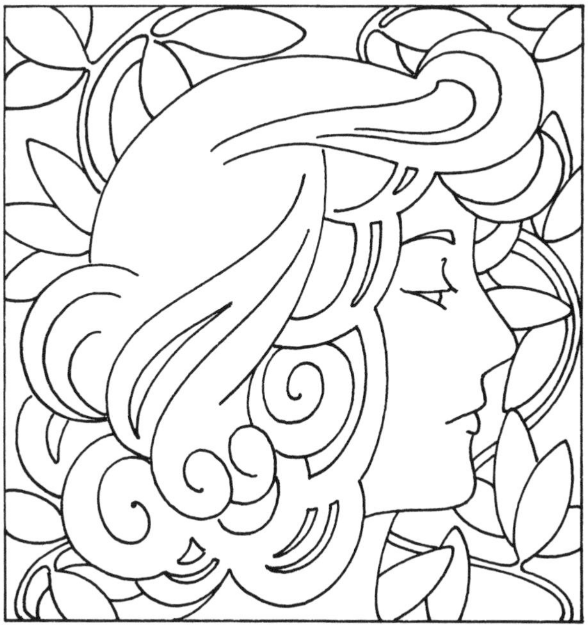
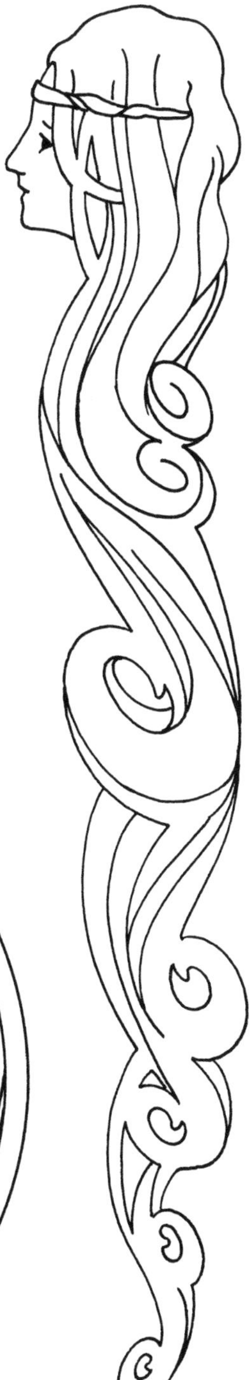
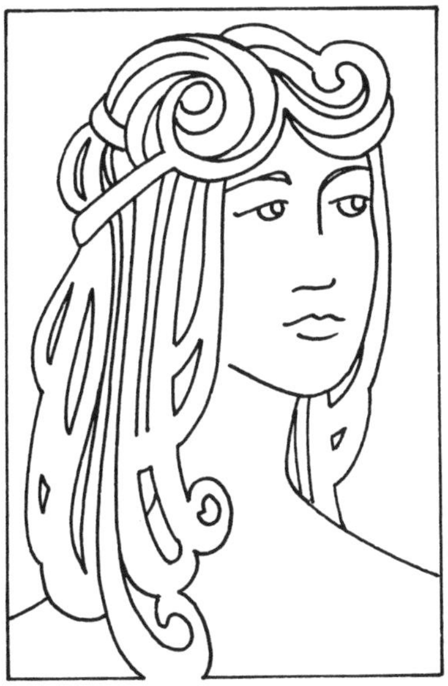
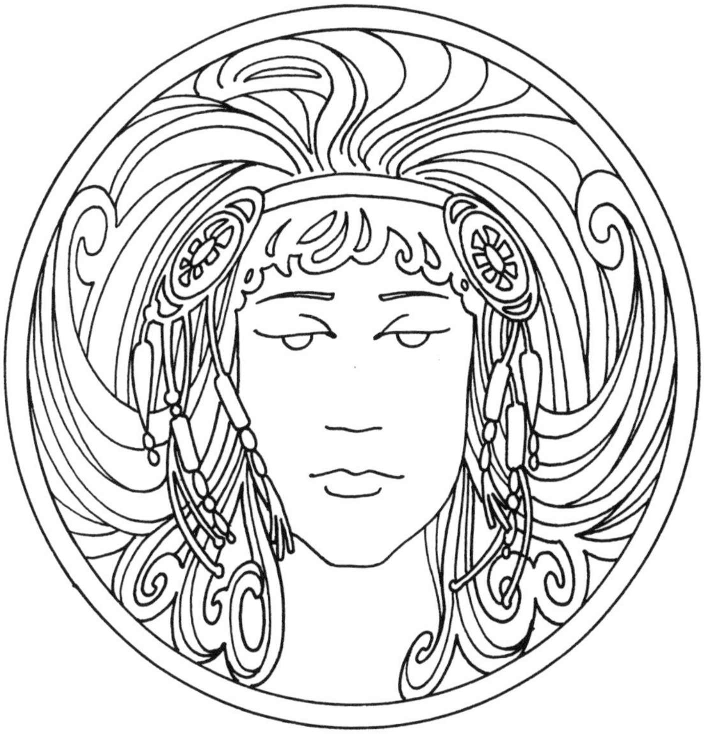
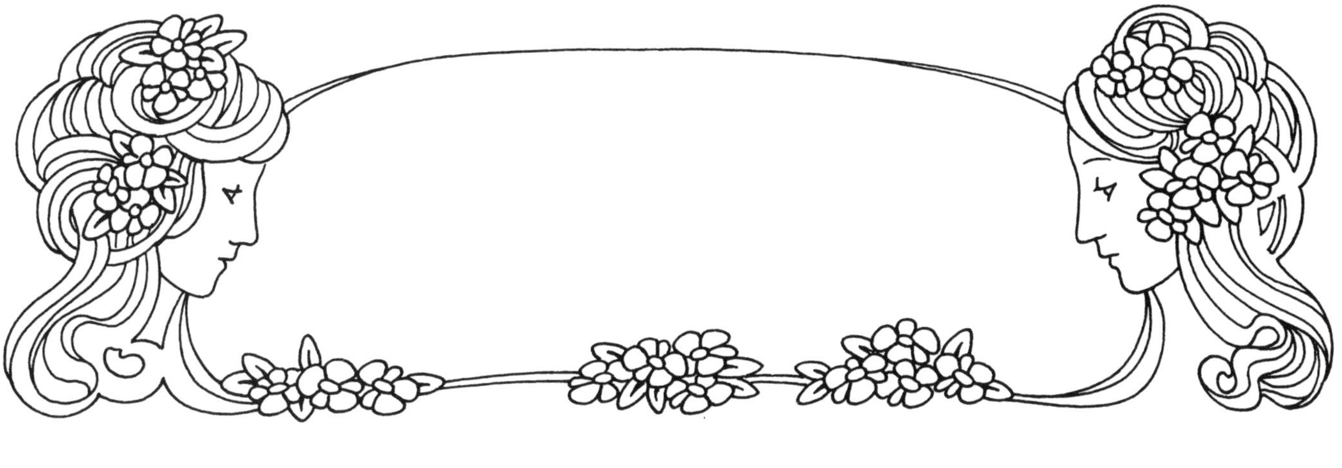

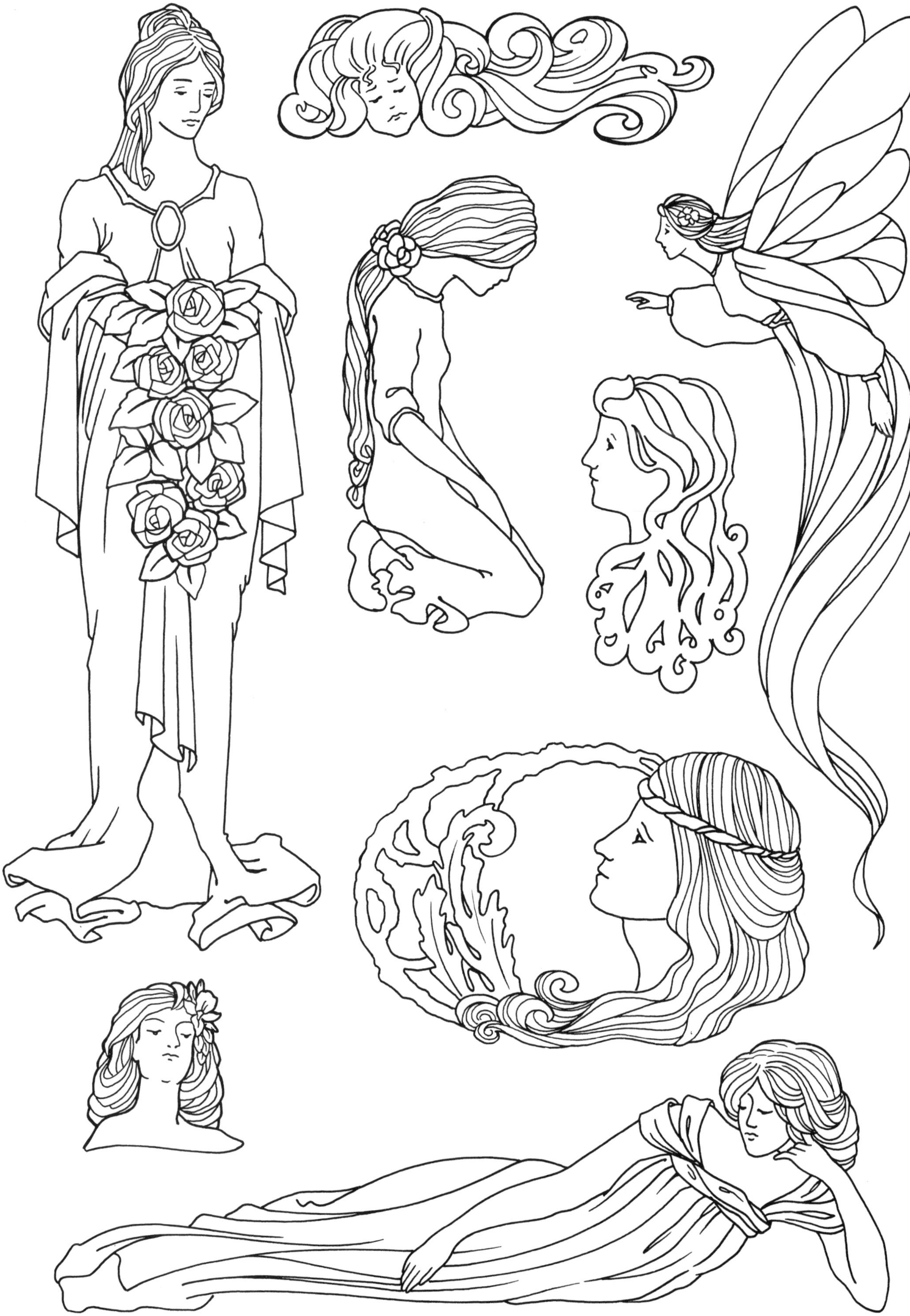

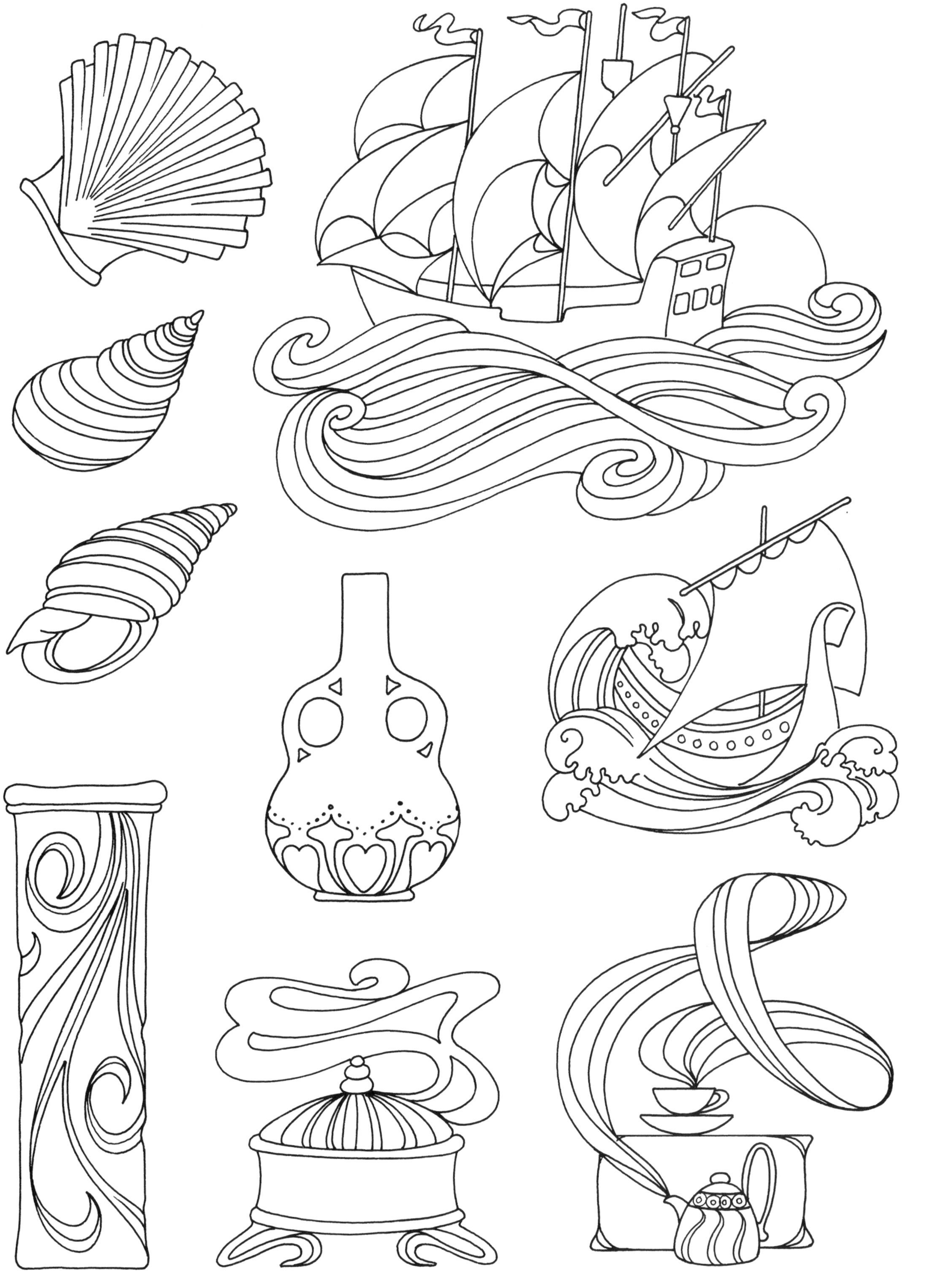

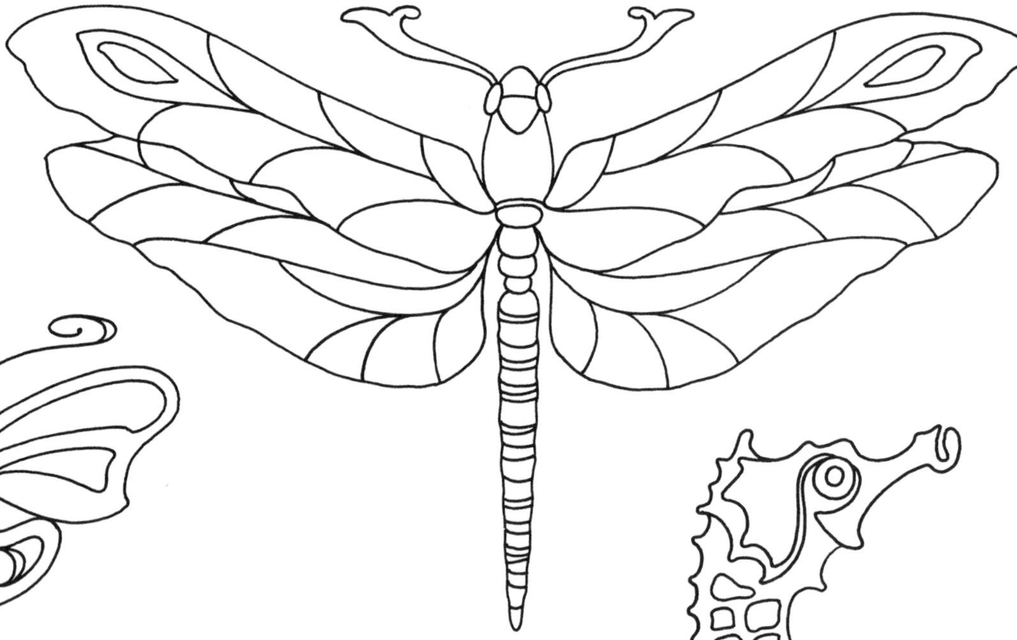

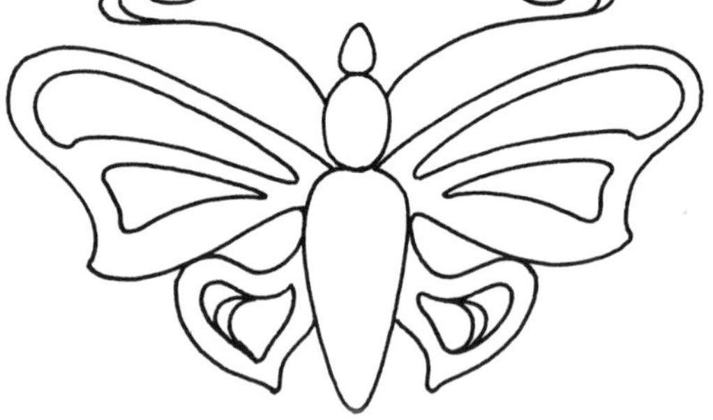

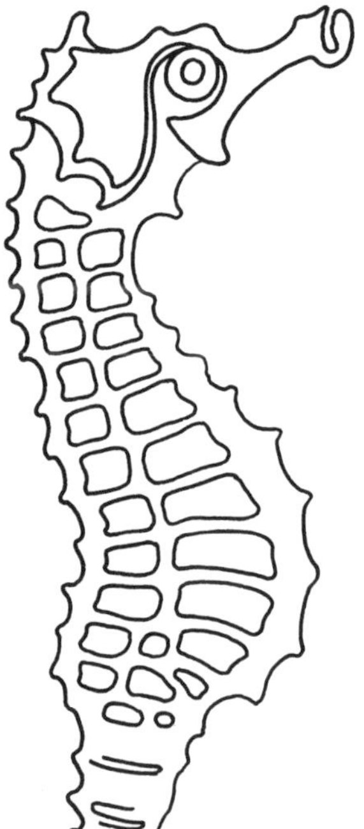

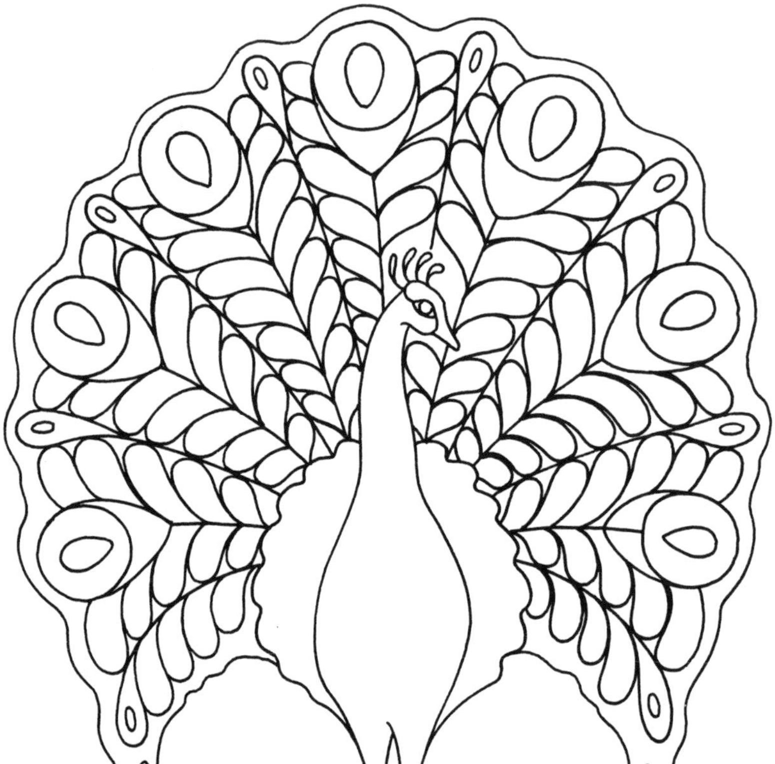

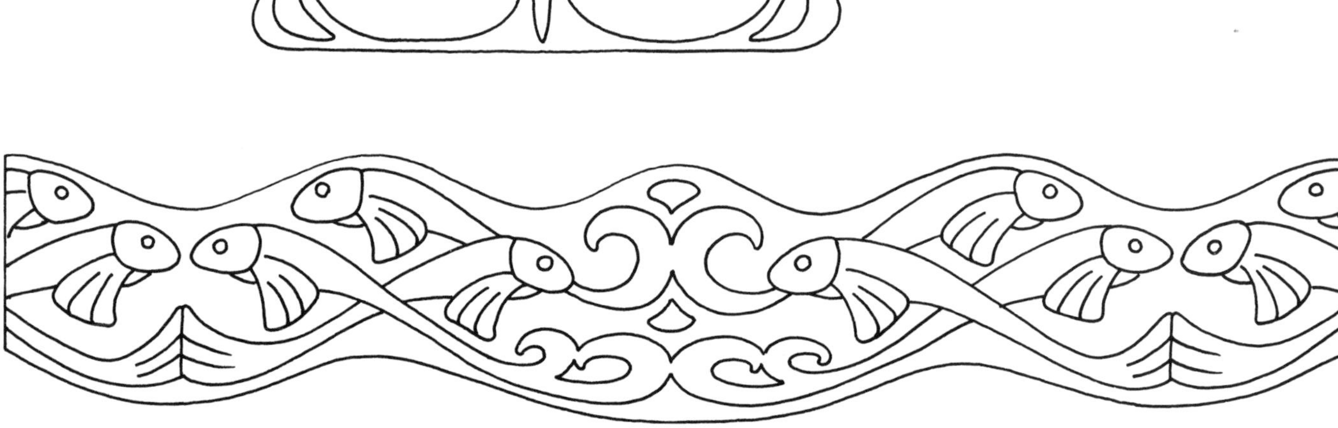

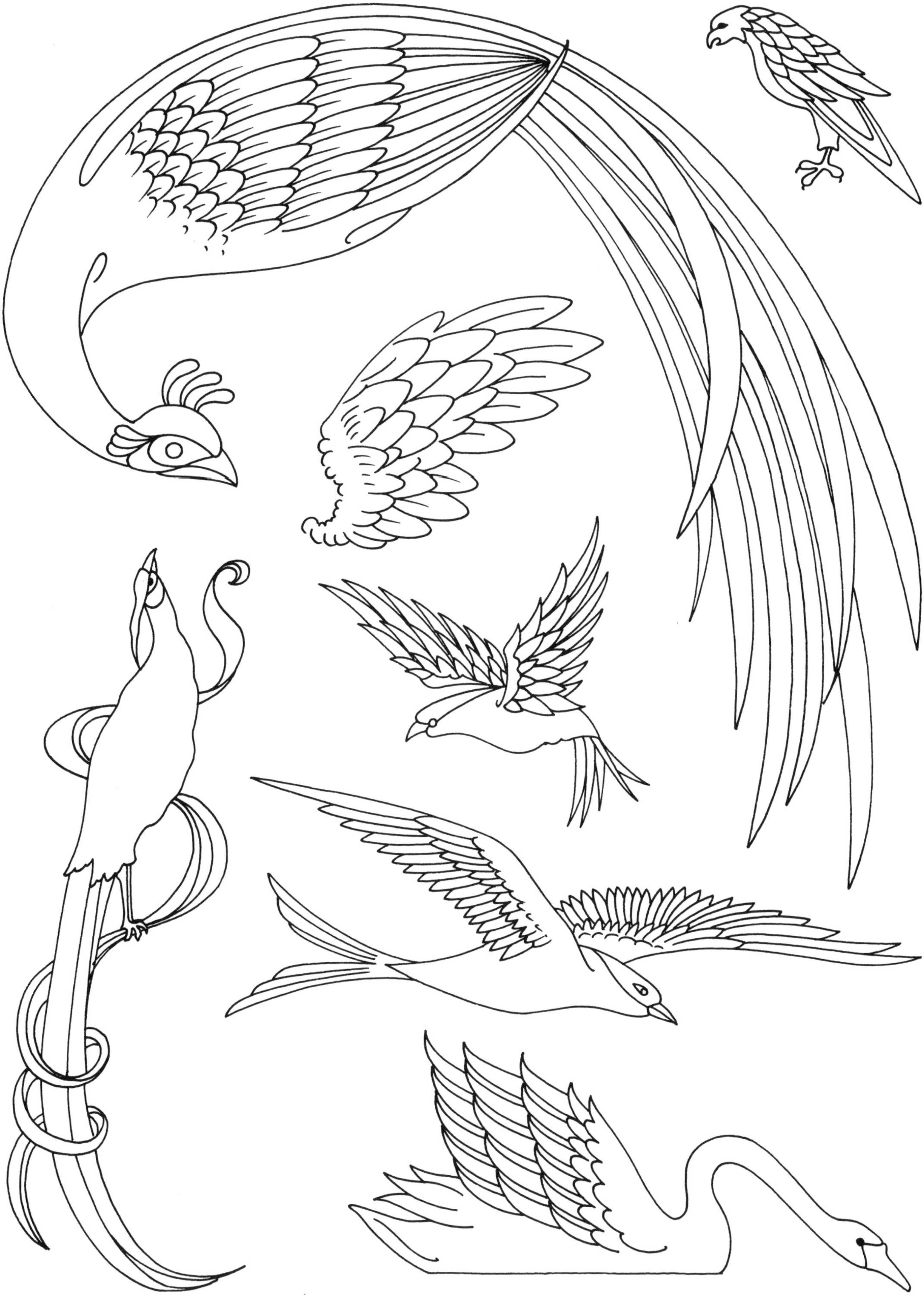

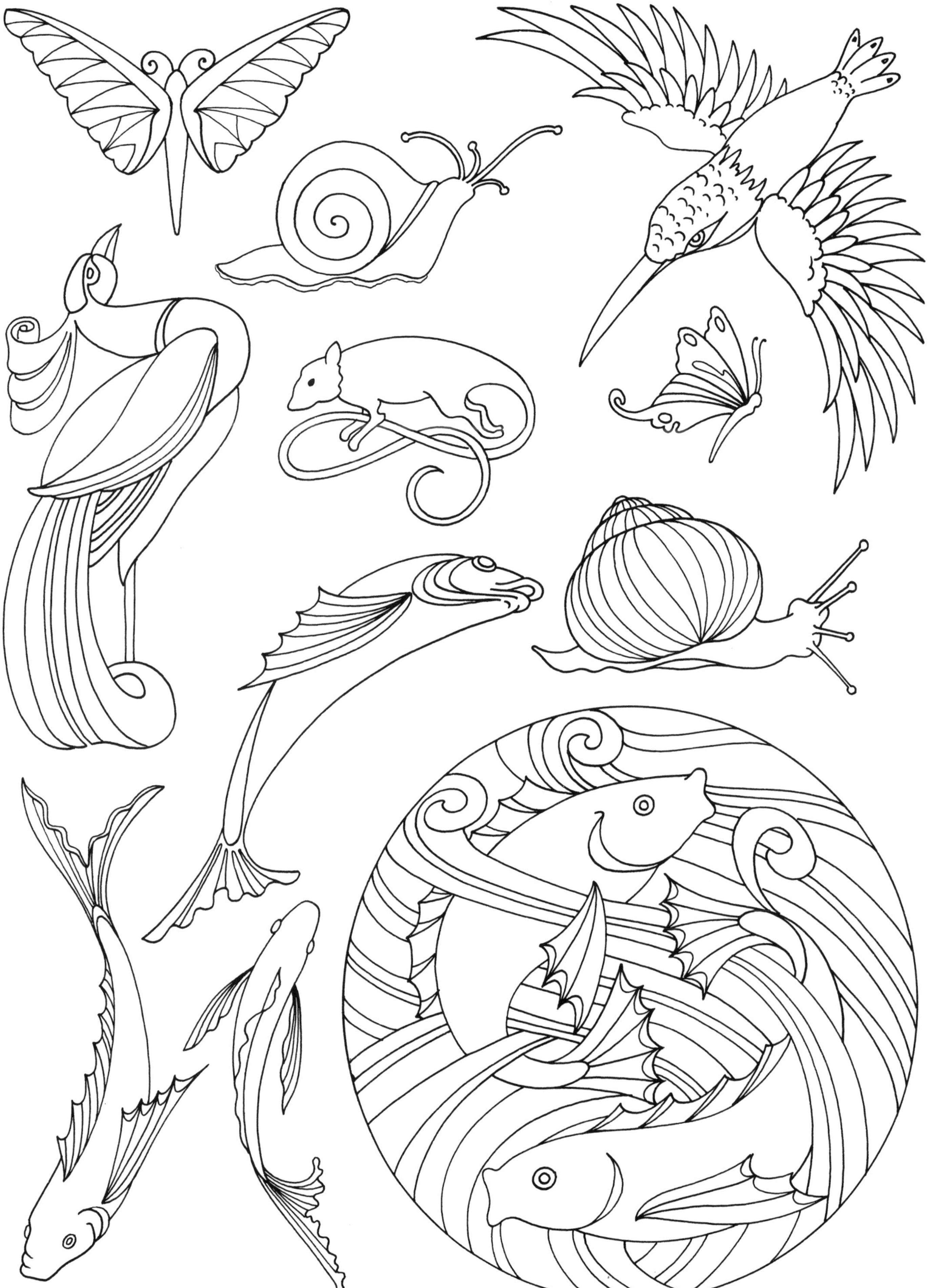

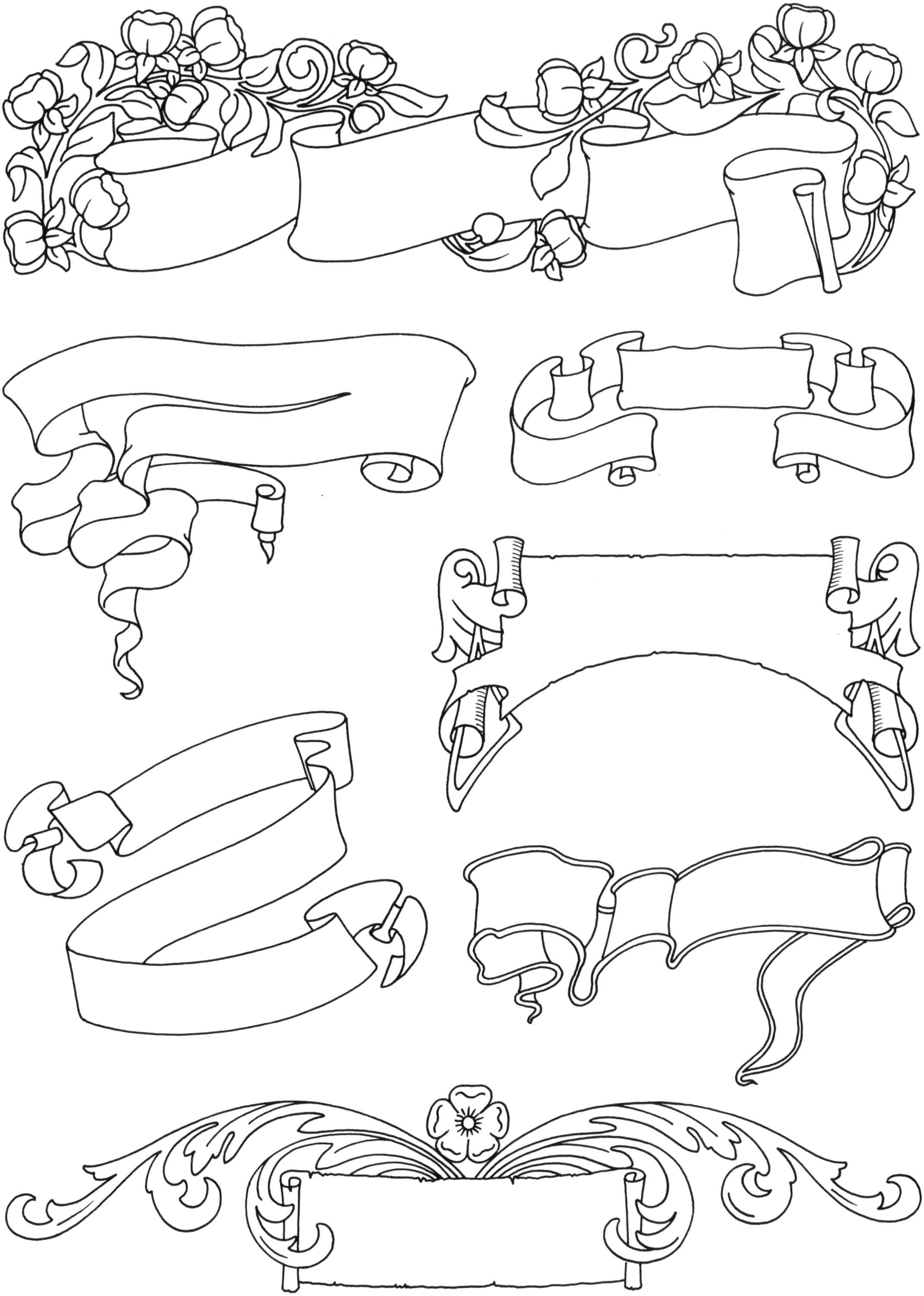

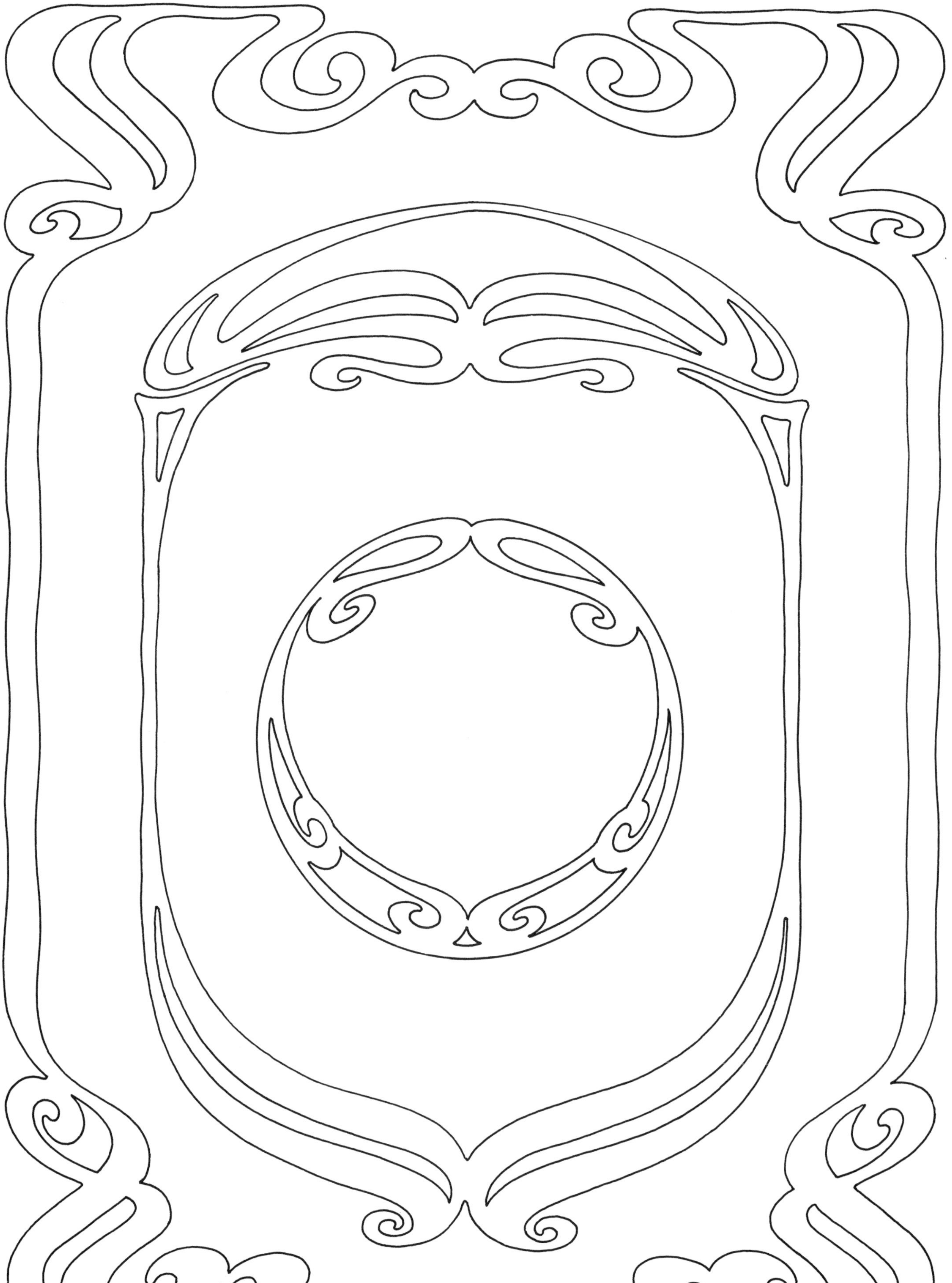

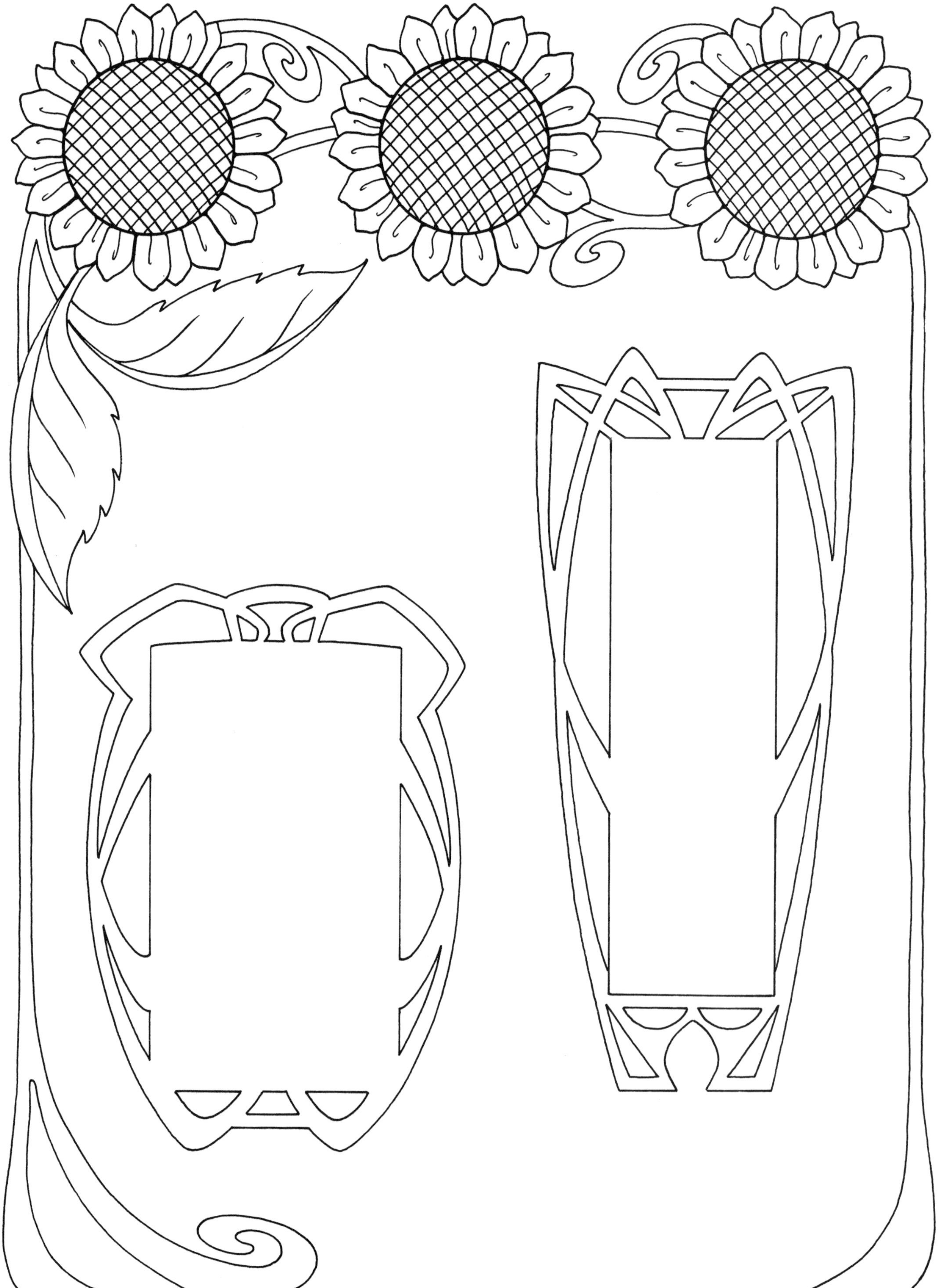

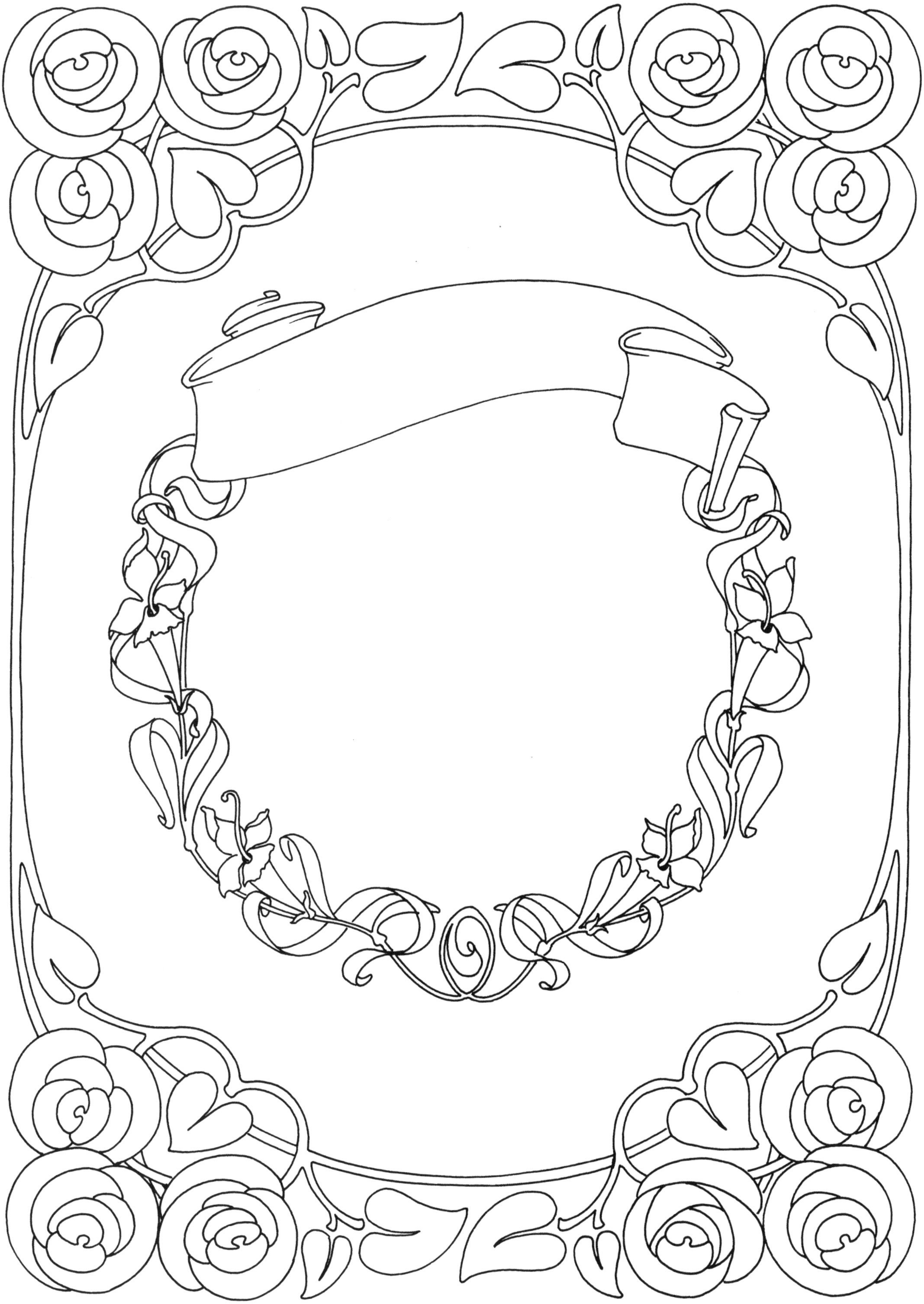

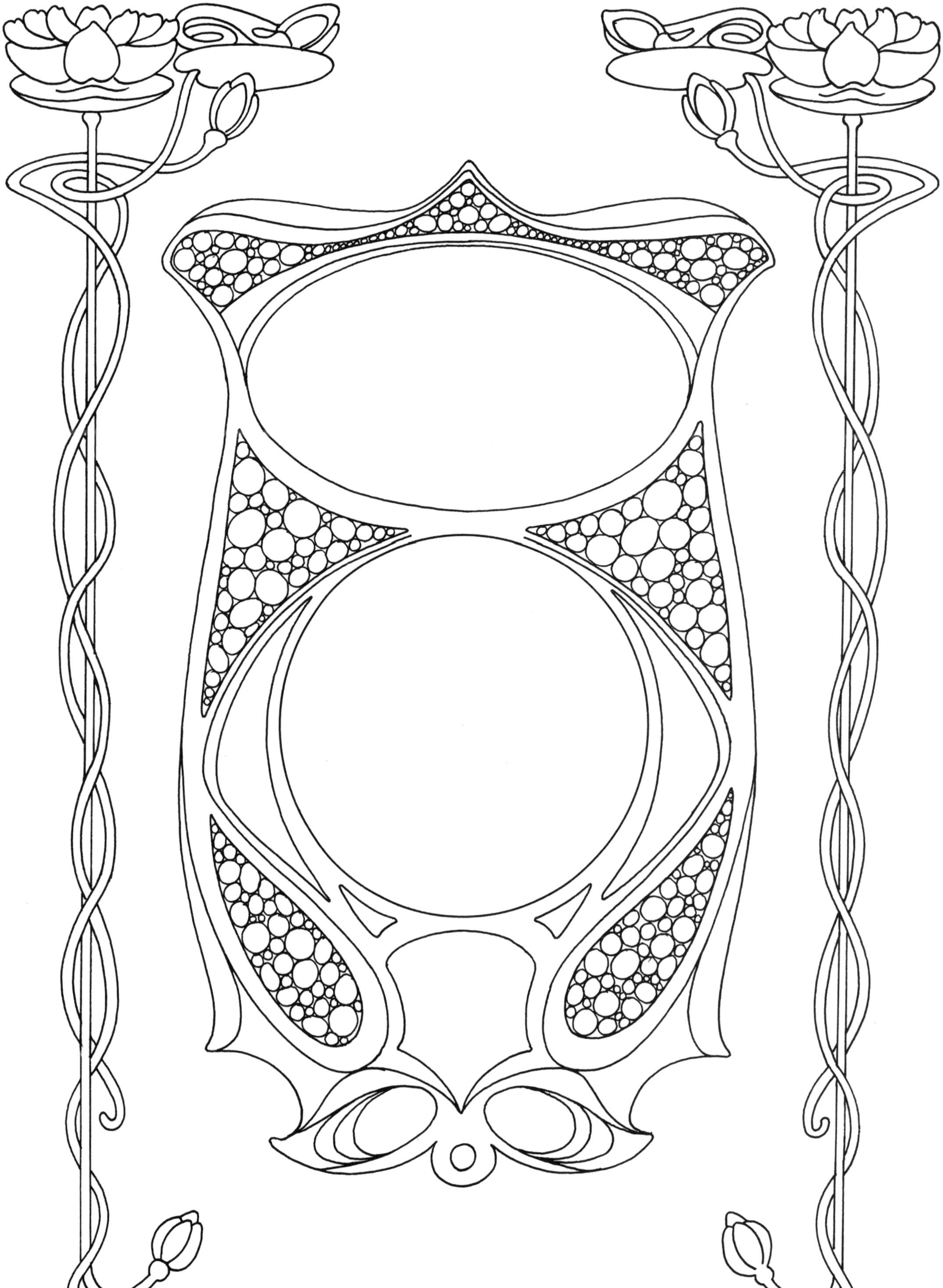

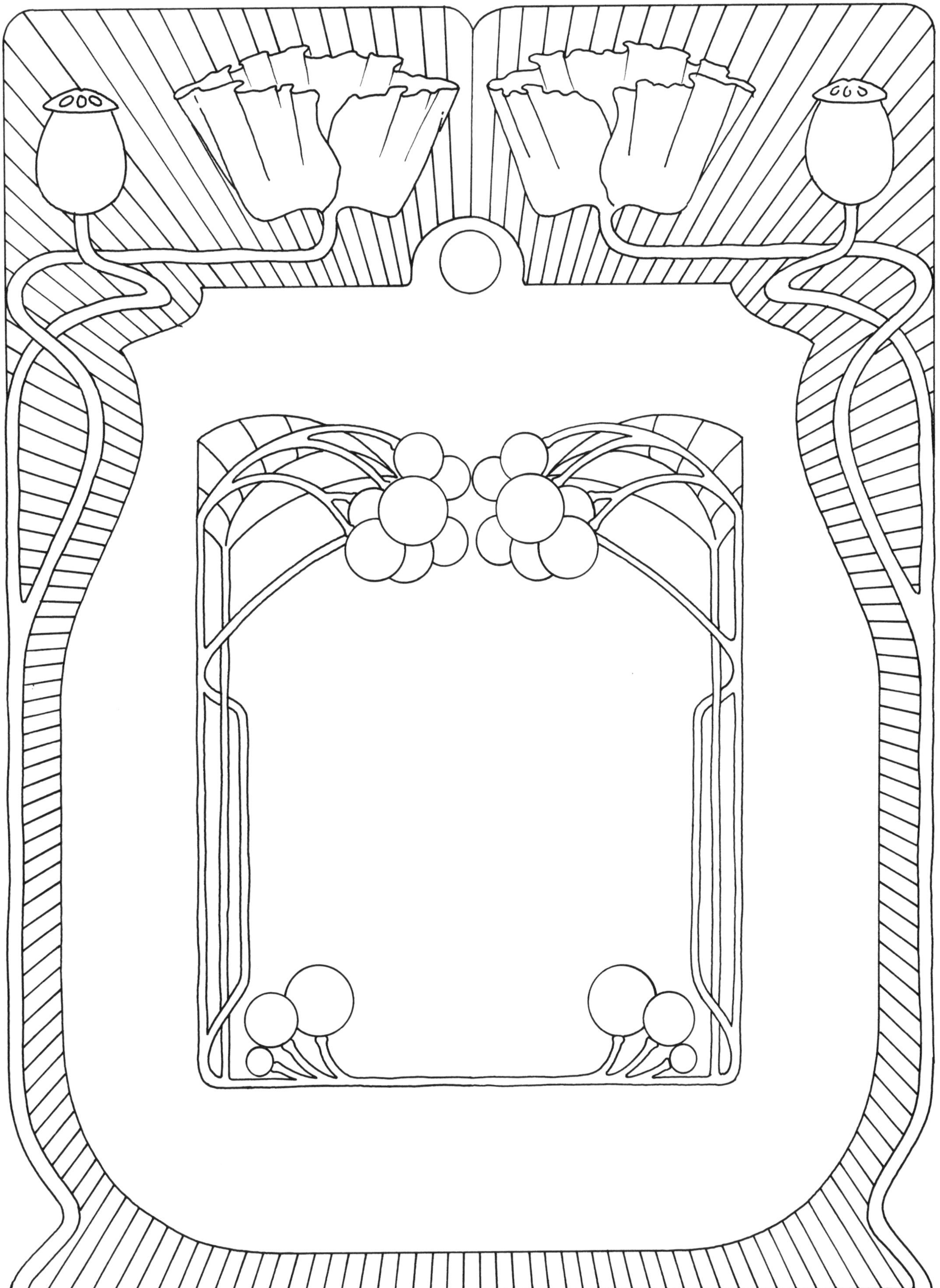

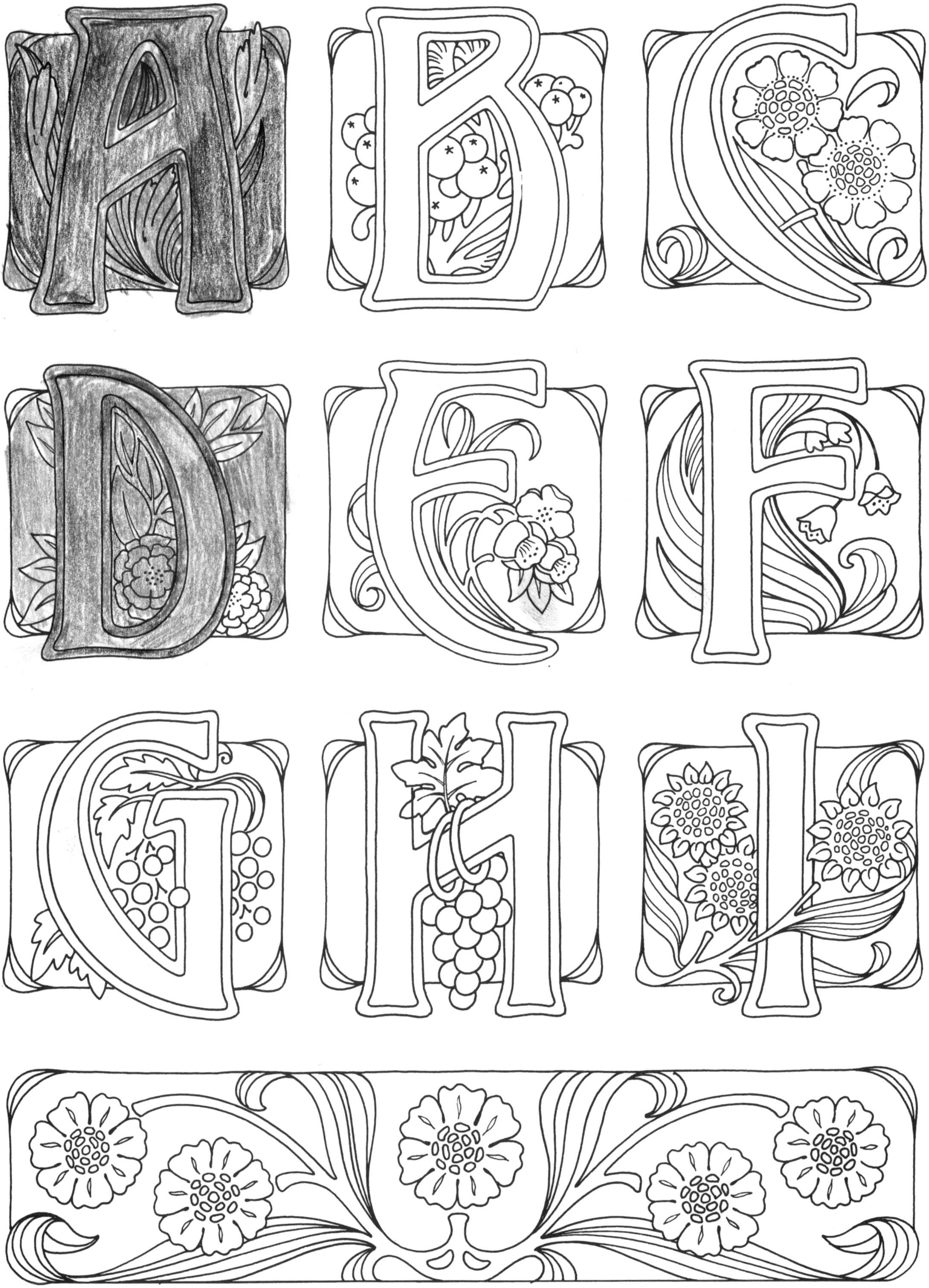
A
B
C
D
E
F
G
H
I

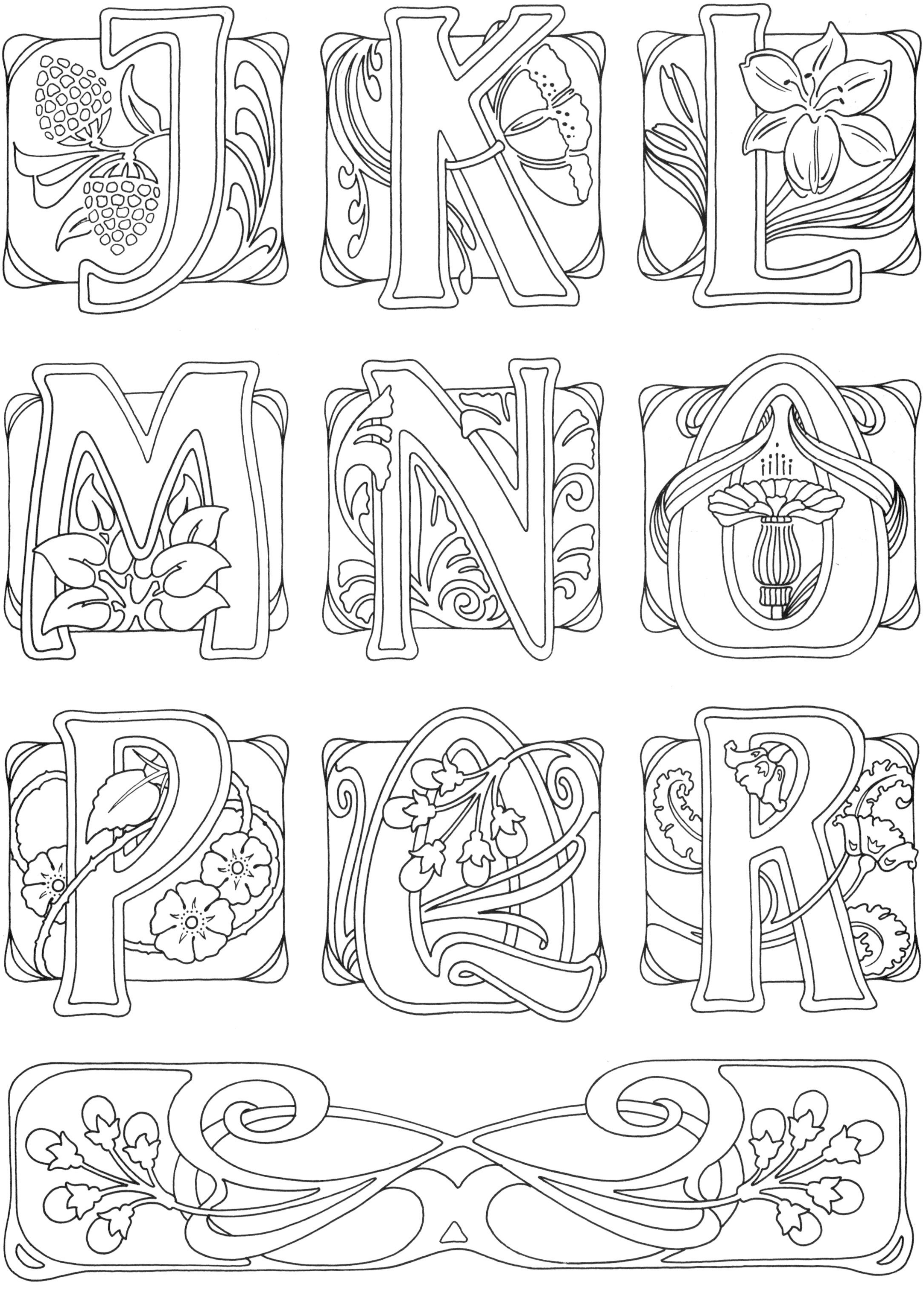
J K L
M N O
P Q R

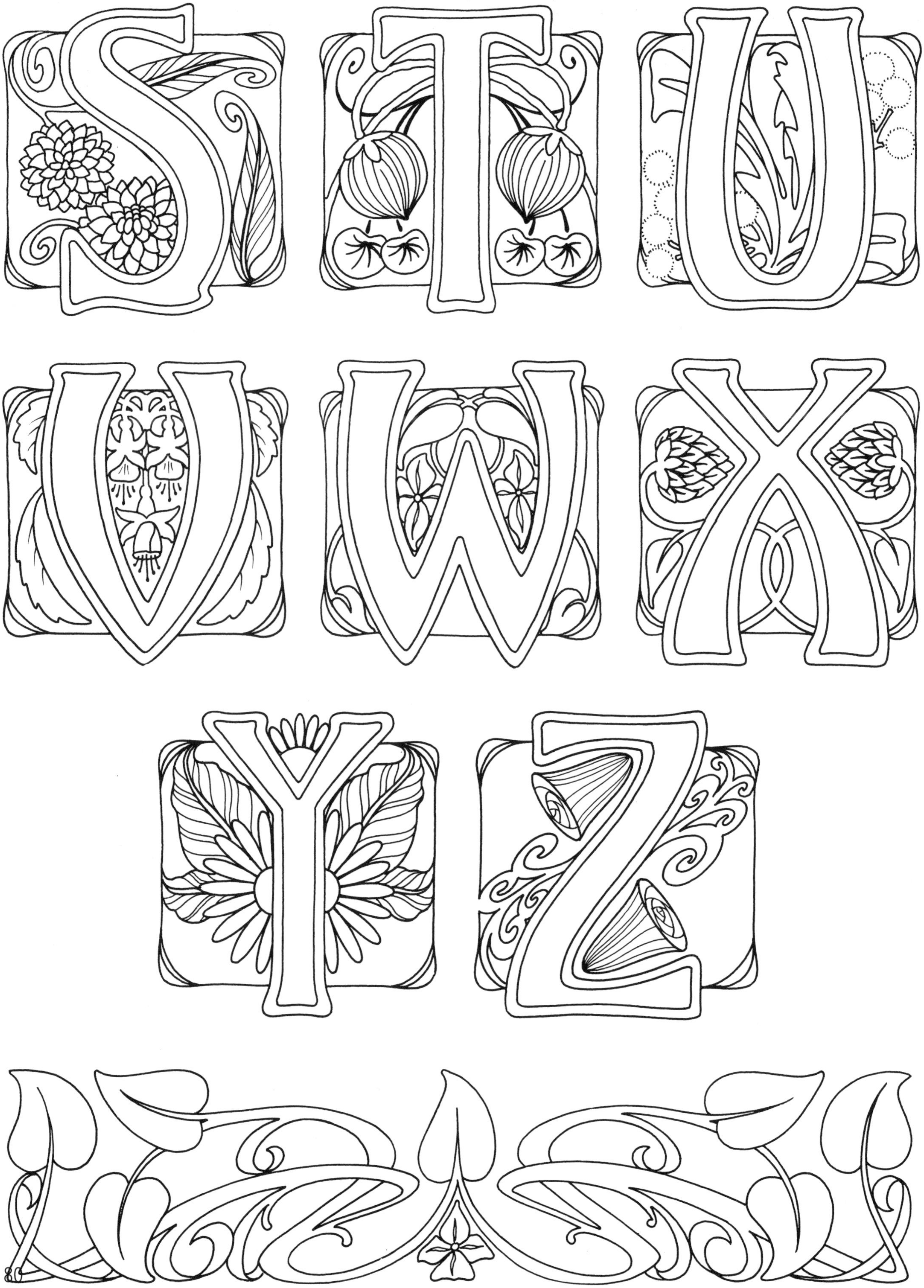
S T U
V W X
Y Z